AF463900

THÉATRE DES VARIÉTÉS.

LES FEMMES
DE GAVARNI

Scènes de la vie parisienne

TROIS ACTES ET UNE MASCARADE, MÊLÉS DE COUPLETS

Par MM. Th. BARRIÈRE, DECOURCELLE et Léon BAUVALLET

Représentées, pour la première fois, à Paris, sur le théâtre des VARIÉTÉS, le 3 juin 1852.

PRIX : 1 FRANC.

Paris
BECK, LIBRAIRE, RUE DES GRANDS-AUGUSTINS, 20
TRESSE, successeur de J.-N. BARBA, Palais-Royal.

1852.

LES FEMMES
DE GAVARNI

Scènes de la vie parisienne,

TROIS ACTES ET UNE MASCARADE, MÊLÉS DE COUPLETS,

Par MM. Th. BARRIÈRE, DECOURCELLE et Léon BEAUVALLET,

Représentées pour la première fois, à Paris, sur le théâtre des VARIÉTÉS, le 3 Juin 1852.

PERSONNAGES.	ACTEURS.
LE BARON DE COQUARDEAU, 50 ans	MM. LECLÈRE.
JULES MATHIEN, flâneur	MOREAU-SAINTI.
NARCISSE MARCHAND, peintre	CACHARDY.
POMARD, gourmand	DANTERNY.
ANATOLE BÉLASSIS, fâcheux	MUTÉE.
ALBERT MORIN, employé	VILLOT.
ROBINSON, domestique vertueux	KOPP.
MADAME DUCAUCASE	Mlles LASSAGNE.
ÉLISA BOUVRY, premier rôle au théâtre des Variétés	ALICE OZY.
AMANDA, nièce de madame Ducaucase	BOISGONTIER.
MADAME COQUARDEAU, grande dame	FITZ-JAMES.
ADÈLE, fille de M. Coquardeau	VIRGINIE DUCLAY.
MARIE, couturière	GABRIELLE-GUÉRARD.
CŒLINA, l'ennui incarné	CÉNAU.
ASPASIE, femme de chambre	ESTHER.
MADAME PRUDHOMME	JOLLY.
GUITARE	CÉLESTE.
PALMYRE	LORRY.
UN JEUNE HOMME	MM. RHÉAL.
UN DOMESTIQUE	FRANGIN.
UN HUISSIER DU BAL DE L'OPÉRA	PELLERIN.
M. de Crouy, Le comte Onnesaiki, Une femme de chambre. — Personnages muets.	
Invités, masques, dominos, habits noirs	

NOTA. — Toutes les indications sont prises de la gauche du spectateur.

ACTE PREMIER.

LA VIE DE JEUNE HOMME.

Le théâtre est séparé en deux : à gauche, une chambre d'hôtel garni, chez Jules Mathieu; à droite, le palier : deux portes surmontées de numéros; dans la chambre, une porte à droite donnant sur le palier; au fond, une autre porte ; fenêtre à gauche : au deuxième plan ; une table servie au milieu; une causeuse, à gauche sur le devant; à droite, adossé au mur un guéridon chargé de bouteilles vides; de plus, il y a dessus papier, plumes et encre; chaises.

SCÈNE PREMIÈRE.

JULES, POMARD, ROBINSON, NARCISSE, CŒLINA.

(*Au lever du rideau, Pomard seul est à table. Robinson se tient debout à côté de lui. Jules est à la fenêtre de gauche. Cœlina dort sur la causeuse. Narcisse sort de la chambre et va se se coucher sur le palier devant la porte.*)

VOIX DE FEMMES, *dans la rue* (1). Adieu, Pomard! Adieu, Jules!

JULES, *de la fenêtre*. Adieu, Ursule; adieu, Angèle; adieu, Pomone!

LES FEMMES. Au revoir!.. (*Jules reste à la fenêtre.*)

(1) Cœ. Ju. Po. Ro. Nar.

POMARD. Robinson, du pain!

ROBINSON. Monsieur a encore faim?

POMARD. Toujours!

ROBINSON, *le servant*. Quel goinfre!

POMARD, *tendant son verre*. Robinson, à boire!

ROBINSON. Monsieur a encore soif?

POMARD. Toujours!

ROBINSON, *passant à gauche*. Mais Monsieur va se noyer.

POMARD, *gravement* (1). Ne crains rien, je sais nager.

ROBINSON, *versant, à part*. Quelle éponge! (*Il garde sa bouteille à la main.*)

JULES, *toujours à la fenêtre*. Quelle heure est-il donc? huit heures... Marie doit-être levée, pourtant.

POMARD. Robinson! (*Robinson ne répond pas. Il est en extase devant Cœlina qui dort. Cœlina se met sur son séant et se frotte les yeux en bâillant.*)

ROBINSON, *à part*. Sa paupière s'entr'ouvre!

CŒLINA, *se détirant*. Ah! que je m'ennuie!

ROBINSON, *ravi, à part*. Elle s'ennuie!.. Donc cette vie de truffes et de Champagne lui est odieuse! Je le savais bien, moi! Oh! cette créature n'est pas encore perdue, je l'arracherai de l'abîme? (*Il repasse à droite.*)

POMARD, *criant* (2). Robinson!

ROBINSON *de même*. Quoi!

POMARD. A boire!

ROBINSON. Ne l'espérez pas! (*Il pose la bouteille sur la table.*)

POMARD. Qu'est-ce que c'est?

ROBINSON. Comment, vous n'êtes pas honteux de manger tout seul à c'te heure-ci?.. D'ailleurs, je ne suis pas votre domestique. Je ne reconnais pour souverain que le baron de Coquardeau, mon maître.

POMARD. Puisqu'il te nous a prêté.

ROBINSON. Prêté?.. Dites que vous m'avez volé!

JULES. Volé?...

ROBINSON. Oui, volé!.. hier, à minuit, mon maître m'envoie vous dire de ne pas l'attendre, et.....

POMARD. Et nous t'avons prié de rester pour nous servir.

ROBINSON. Oui, prié... à double tour; je ne sers plus! (*Il jette sa serviette et sort par le fond.*)

POMARD (3). Voilà un type! (*A Jules.*) Qu'est-ce que tu fais là, toi?

JULES. Je regardais si Marie avait ouvert sa fenêtre.

POMARD, *se levant*. La petite grisette du 33. C'est donc sérieux?

JULES, *quittant la fenêtre*. Mais oui.

1 Cœ. Ju. Ro. Po. Nar.
2 Cœ. Ju. Ro. Po. Nar.
3 Cœ. Ju. Po. Ro. Nar.

POMARD. Dis donc, est-ce vrai que tu lui as promis de l'épouser?

JULES. C'est bien possible.

POMARD. C'est drôle! (*Jules descend à droite.*)

JULES (1). Pourquoi donc? J'adore les grisettes, moi...

Air nouveau de M. Basille.

Aimantes, gentilles,
Trésor de gaîté,
Ces accortes filles
Respirent l'été.

PREMIER COUPLET.

Dès le matin, lestes, pimpantes,
On les voit courir au réveil,
Près de leurs fleurettes grimpantes,
De leurs oiseaux qui chantent au soleil.
Aimantes, etc.

DEUXIÈME COUPLET.

Leur existence, que j'admire,
Pleine de misère et d'entrain,
A pour cadre un joyeux sourire,
Et pour légende un éternel refrain.
Aimantes, etc.

POMARD. Eh bien! et Amanda? Tu ne l'épouses donc plus?

JULES, *s'asseyant*. Amanda a des qualités solides qui m'ont longtemps séduit... d'abord, on dit qu'elle est sage, et chez une actrice de Chantereine, c'est rare... Mais elle un défaut... un affreux défaut...

POMARD. Lequel?

JULES. Sa tante, son éternelle tante!

POMARD, *riant*. Ah! oui; la mère Ducaucase! Voilà une tante... embêtante!.. Avec son chien, son chat, sa morale et son parapluie!..

JULES. Sans compter ses jérémiades contre tous les directeurs de France et d'Algérie. Impossible de lui faire comprendre que sa nièce ne vaut pas Talma.

POMARD. A propos, pourquoi donc ces dames n'ont-elles pas été du souper?

JULES, *se levant*. La veuve Ducaucase passer la nuit chez un garçon!.. Ah bien, oui!.. Tout ce que j'ai pu en obtenir, c'est qu'elle viendrait ce matin donner le coup de grâce à nos comestibles, si toutefois tu en laisses.

POMARD, *passant à droite* (2). Quel drôle de bonhomme tu fais! Tu adores Marie, et tu ne peux pas vivre sans Amanda?

JULES. Que veux-tu? je flotte... je flotte...

POMARD. Mais, j'y pense! et cette dame, pour qui tu avais contracté un coup de soleil africain, il y a un mois?

JULES, *bas*. La baronne de Coquardeau?

1 Cœ. Po. Ju. Nar.
2 Cœ. Ju. Po. Nar.

POMARD. Bah ! c'était la...

JULES. Tu la connais, toi?

POMARD. Oh! une femme charmante!

JULES. Sans doute, mais elle passe pour la plus infernale coquette...

POMARD. Coquette seulement?

JULES. Il paraît,.. de sorte que, la crainte d'être sa dupe,.. et puis, te l'avouerai-je?..

Air : *Restez, restez, troupe jolie.*

Avec les dames du grand monde,
L'amour n'est que luttes, combats;
Moi, ma verve n'est pas féconde,
Et leurs grands airs ne me vont pas;
Ils me cassent jambes et bras.

POMARD.

Vraiment! miracle des miracles,
Toi des femmes, l'enfant chéri!..

JULES.

Mon bon, j'exècre les obstacles.

POMARD.

N'es-tu pas l'ami du mari?

JULES.

Mais, mon cher...

POMARD.

Il n'est plus d'obstacles,
Quand on est l'ami du mari.

JULES. C'est possible; mais il n'y a que huit jours que je le connais, et il y en a quinze que j'ai renoncé à sa femme. (*Amanda paraît au haut de l'escalier du fond, sur le palier, suivie de madame Ducaucase, et s'arrête devant Narcisse qui lui barre le passage.*)

SCÈNE II.

LES MÊMES, AMANDA, MADAME DUCAUCASE.

MADAME DUCAUCASE. Pas si vite, Manda.

AMANDA. As pas peur, ma tante.

JULES. Chut! voici Amanda.

AMANDA (1). Prends garde, ma tante, il y a un homme. Tiens! c'est M. Narcisse! (*Le secouant.*) Monsieur Narcisse! (*Celui-ci ne bouge pas et ronfle.*) Il paraît qu'il a son compte. Enjambe pardessus, ma tante, tiens, comme ça, nà!

JULES, *qui a ouvert sa porte, Amanda et madame Ducaucase entrent* (2). Arrivez donc, Mesdames!.. Bonjour, chère Amanda.

MADAME DUCAUCASE. Messieurs, la compagnie... (*Elle passe à gauche* (3). Tiens, v'là Cœlina!.. elle dort aussi?.. ah çà, vous avez donc bu de l'opium? (*Amanda s'est débarrassée de son châle et de son chapeau, que Jules a accrochés à gauche.*)

1 Cœ. Po. Ju. Nar. Am. mad. Duc.
2 Cœ. Po. Ju. Am. mad. Duc. Nar.
3 Cœ. mad. Duc. Po. Ju. Am Nar.

AMANDA. Tu sais bien que Cœlina dormirait sur des baïonnettes.

JULES, *qui a rangé la table.* Mesdames, voici vos couverts... je regrette seulement que vous veniez si tard. (*Il prend le chapeau et le manchon de madame Ducaucase et les place à droite.*)

MADAME DUCAUCASE. Oh! y en aura toujours assez pour nous, allez; nous mangeons si peu! En face de moi, ma nièce! (*Elles s'asseient aux deux bouts de la table.*)

AMANDA (1). Vous ne nous tenez pas compagnie, monsieur Jules?

JULES. Ça me serait impossible.

POMARD. Dieu! que tu es malhonnête, va... Excusez-le, Mesdames. (*Il se remet à table et mange, après avoir servi les dames.*)

JULES (2). Comment! encore!..

POMARD. Toujours!

AMANDA, *tout en mangeant.* Messieurs, je vous offrirai tout à l'heure des billets pour la représentation que je donne samedi à Chantereine, à mon bénéfice.

POMARD. Oh! que je la connais, celle-là!

JULES. Et moi donc?

AMANDA. Cette fois-ci, c'est sérieux, parole d'honneur! à preuve que Lisa Bouvry m'a promis de jouer dedans,.. vous savez, la petite Lisa, qu'est aux Variétés?

MADAME DUCAUCASE. En v'là une qu'est mauvaise et qu'a pas d' talent!.. et ça vous a des six mille! tandis que toi!.... quelle horreur que ce directeur!..

AMANDA. Ma tante!

MADAME DUCAUCASE. Après ça, elle peut bien les garder, ses Variétés! N'en v'là-t-il pas encore un théâtre!.. j' voudrais pas que t'y sois.

Air : *Ce qu'il me faut à moi.*

Ce qu'il te faut, n'a toi, c'est l' théâtre des Français!
C'est en moins de trois mois, d'être socilliétaire,
C'est de parler-z-en vers dans la maison d' Molière,
C'est de manquer périr sous des flots de bouquets.
Ciel! quel beau jour pour moi quel' soir où, dans Lucrèce,
Près de c'te pauvre Rachel, tu début'ras, ma nièce!
Voilà ce qu'il te faut, n'a toi! (*bis*) et n'a moi!!

JULES, *venant derrière la table* (3). Dites-moi, est-ce que cette Élisa Bouvry n'est pas la maîtresse de M. Coquardeau?

ROBINSON, *qui vient de rentrer, à part* (4). Mon maître a une maîtresse!.. oh! je lui toucherai deux mots à ce sujet.

AMANDA. Sa maîtresse!.. allons donc!.. c'est-à-dire qu'il pose depuis dix-huit mois, que c'est à fendre le cœur.

1 Cœ. Ju. Po. mad. Duc. Am. Nar.
2 Cœ. Ju. mad. Duc. Po. Am. Nar.
3 Cœ. mad. Duc. Po. Ju. Am. Nar.
4 Cœ. mad. Duc. Po. Ju. Am. Ro. Nar.

JULES. Ce n'est pas ce que dit le baron.

AMANDA. Je sais pas ce qu'il dit, mais je sais ce qui est.

ROBINSON, *à part.* C'est bien fait.

JULES. Pourquoi mademoiselle Bouvry ne le congédie-t-elle pas?

AMANDA. Vous êtes bon, vous! congédier le principal actionnaire de son théâtre? Un homme qui a deux journaux à lui?

JULES, *passant près de madame Ducaucase.* Je comprends. Elle est jolie, cette femme-là.

MADAME DUCAUCASE (1). Oui, oui, elle n'est pas mal... mais d'un commun... d'un commun...

AMANDA. Tais-toi donc, ma tante.

MADAME DUCAUCASE. Oui, ma nièce.

AMANDA. Ah çà, procédons au placement des billets!.. Je donne Andromaque, la Tour de Nesle, Gentil-Bernard, les Huguenots pour finir; et je joue dans tout...

POMARD. Ah! sapristi! (*Amanda, Pomard et madame Ducaucase se sont levés.*)

JULES. Vous avez fini, Mesdames?... Allons, Robinson, aide-moi à enlever cette table.

ROBINSON. Non, Monsieur...

JULES. Quel animal! (*Il range la table.*)

AMANDA. Eh bien! Cœlina?

MADAME DUCAUCASE (2). Cœlina!

CŒLINA, *bâillant.* Voilà!.. eh bien!.. pourquoi me réveille-t-on?..

AMANDA. Quelle drôle de fille!.. elle se laisse emmener partout, et ne s'amuse nulle part, elle regarde sans voir, écoute sans entendre, mange sans faim et boit sans soif... ce n'est pas une femme!

CŒLINA, *bâillant.* Qu'est-ce que je suis donc?

AMANDA. Toi?.. tu es une imitation!

ROBINSON, *exaspéré* (3). Dites plutôt qu'elle a tâché de dormir toute la nuit pour ne pas entendre des chansons et des propos...

POMARD. Plaît-il? un larbin moral et pudibond!

ROBINSON. Oui, je suis pudibond! oui, je suis moral! et gloire je m'en fais! Je ne connais qu'une ligne, la ligne droite! et je dis : vive la ligne! (*Passant près de madame Ducaucase.*) Domestique, je considère mes fonctions comme un mandat (4), et je méprise l'antique usage de l'anse du panier; je dis à mes maîtres ce que je pense de leur conduite, et je leur donne de bons conseils...

MADAME DUCAUCASE. C'est très-bien, ça... j' vas reprendre un verre de cassis.

AMANDA. Maintenant, passez au bureau! (*Elle s'assied et déploie une feuille de location.*) Voyons, donnez-moi vos noms et professions, afin qu'il

1 Cœ. Ju. mad. Duc. Po. Am. Ro. Nar.
2 Cœ. mad. Duc. Po. Ju. Am. Rob. Nar.
3 Cœ. mad. Duc. Ju. Am. Po. Ro. Nar.
4 Cœ. Ju. mad. Duc. Ro. Am. Po Nar.

n'y ait pas de confusion : primo, monsieur Jules Mathieu.

JULES, *s'approchant* (1). Voilà! présent!..

AMANDA. Profession : mauvais sujet, un orchestre. Monsieur Pomard?

POMARD. Célibataire.

AMANDA. Je vais mettre gastronome, je m'y reconnaîtrai mieux... M. Pomard, gastronome, un orchestre. Mademoiselle Cœlina, imitation, une baignoire; ça fait que tu pourras dormir à ton aise.

MADAME DUCAUCASE, *descendant* (2). Dormir, quand tu joues! qu'elle s'en avise!.. je la mords.

AMANDA. Bonne tante!

MADAME DUCAUCASE. Brasse-moi, Manda.

AMANDA. Tout à l'heure.

MADAME DUCAUCASE. Oui, ma nièce.

AMANDA, *continuant.* Monsieur Narcisse. (*Narcisse ronfle.*) Il dort toujours?.. ça ne fait rien. (*Ecrivant.*) M. Narcisse Marchand, peintre en miniature...

JULES, *venant près d'Amanda* (3). Oh! si peu!.. mettez économiste!

POMARD. Qui ça? Narcisse?

JULES, *s'asseyant près d'Amanda.* Je m'explique : Figurez-vous que ce coquin-là fait la cour à une cousine du ministre des finances; et savez-vous le moyen qu'emploie notre ami, pour forcer la dame à recevoir ses lettres? il écrit ses déclarations sur papier-ministre; puis, il les remet au mari; celui-ci croit que ce sont des plans d'économie politique; et il les remet à sa femme, pour qu'elle les remette à son cousin. C'est drôle.

AMANDA. C'est pas bête!

POMARD. Et quel est le nom de cette dame?

JULES Voilà où s'arrêtent mes renseignements.

AMANDA, *écrivant.* M. Narcisse Marchand,... économique... un orchestre. Après?

JULES, *se levant.* C'est tout.

AMANDA. Eh ben! et vos amis et connaissances? il faut donc qu'ils s'en passent?

JULES, *riant.* C'est juste! (*Il remonte.*)

AMANDA. Ah! j'en tiens deux! madame Coquardeau et sa belle-fille; une avant-scène! Il faut bien les distraire un peu, ces pauvres femmes!

JULES, *derrière Amanda* (4). Oh! si mademoiselle Coquardeau en est, vous pouvez inscrire M. Albert Morin.

AMANDA. Quest-ce que c'est que ça, M. Albert Morin?..

JULES. Un petit jeune homme, qui demeure en face, sur le carré. Il est amoureux fou de mademoiselle Coquardeau... et...

1 Cœ. mad. Duc. Ju. Am. Po. Ro. Nar.
2 Cœ. mad. Ju. Am. Po. Ro. Nar.
3 Cœ. mad. Duc. Am. Ju. Po. Ro. Nar.
4 Cœ. mad. Duc. Po. Ju. Am. Ro. Nar.

AMANDA. Compris! (*Écrivant.*) M. Morin, petit jeune homme, en face, sur le carré. Deux orchestres! Il est amoureux?..

JULES. Oh! passionnément!

AMANDA. Quatre orchestres!.. En voyez-vous d'autres dans la maison?

JULES. Ma foi, non... (*Il remonte.*)

POMARD (1). Comment ta foi, non? et Bélassis?..

AMANDA. Oh! oui! ce grand maigre qui passe sa vie dans l'antichambre de Lisa. (*Écrivant.*) M. Bélassis... poseur, deux loges de face. (*On rit.*)

POMARD. Mâtin!.. il est bien servi, celui-là!

MADAME DUCAUCASE, *descendant à droite, bas, désignant Robinson* (2). Dis donc, Manda, si tu fourrais un cintre à ce beau blond?.. il a de grandes mains.

AMANDA, *se levant.* Oui, ma tante. Robinson? (*Pomard range une chaise, et madame Ducaucase l'autre.*)

ROBINSON (3). Madame?

AMANDA. Voici un billet de spectacle pour samedi; je joue Andromaque, la Tour de Nesle...

ROBINSON, *passant à gauche.* Merci, Madame; je ne vais jamais dans ces sortes d'endroits!

MADAME DUCAUCASE (4). Bégueule! (*En ce moment on entend dans l'escalier la voix de Marie, qui chante un refrain de chansonnette.*)

JULES, *écoutant.* Chut!

POMARD. Qu'est-ce donc?

JULES, *bas.* On dirait la voix de Marie. (*Ils passent à droite.*)

POMARD, *de même* (5). Elle vient donc chez toi?

JULES, *de même.* Jamais.

POMARD, *de même.* Alors, tu te seras trompé.

JULES, *de même.* Je l'espère bien.

SCÈNE III.

LES MÊMES, MARIE.

MARIE, *sur le palier, à Narcisse, qui lui barre le chemin* (6). Cordon, s'il vous plaît!

NARCISSE, *se levant.* Mille pardons, Mademoiselle; je rattachais ma jarretière. (*A part.*) Tiens, je crois que je m'étais assoupi. (*Il se lève, bourre sa pipe et se promène en fumant sur le palier. Marie frappe à la porte de Jules.*)

POMARD (7). On a frappé.

JULES. C'est elle! comment faire? (*Marie frappe de nouveau.*)

1 Cœ. Am. mad. Duc. Po. Ju. Ro. Nar.
2 Cœ. Po. Ju. Am. mad. Duc. Ro. Nar.
3 Cœ. Ro. Po. Ju. mad. Duc. Am. Ro. Nar.
4 Cœ. Ro. Po. Ju. Am. mad. Duc. Nar.
5 Cœ. Ro. mad. Duc. Am. Po. Ju. Nar.
6 Cœ. Ro. mad. Duc. Am. Po. Ju. Nar. Mar.
7 Cœ. Ro. mad. Duc. Am. Po. Ju. Nar. Mar.

AMANDA. Entrez!

MARIE, *du dehors.* Une voix de femme!.. (*Elle ouvre vivement la porte; elle tient d'une main un petit paquet, de l'autre un bouquet de violettes.*)

MARIE. Que vois-je?

AMANDA, *passant près de Marie* (1). Vous demandez, Mademoiselle?

MARIE. Je venais parler à M. Jules, mais j'ignorais...

AMANDA, *à Jules.* Vous connaissez cette petite?..

JULES, *bas.* Une lingère! qui me brode des mouchoirs pour ma sœur.

AMANDA. Ah!..

JULES, *à Marie, près de laquelle il passe* (2). Entrez donc, Mademoiselle; vous ne nous dérangez pas.

POMARD. Au contraire.

JULES. Je vous présente mademoiselle Amanda, et madame Sémiramis Ducaucase, sa tante.

MARIE, *rassurée.* Ah!.. Madame est la tante de Mademoiselle?

MADAME DUCAUCASE. Et elle est ma nièce, depuis sa naissance.

JULES. Vous nous voyez à la fin d'un souper de garçons... un... impromptu... (*Bas.*) Un de mes amis, à qui j'ai prêté ma chambre.

AMANDA, *à part, avec défiance* (3). Il lui a parlé en sourdine!.. (*Haut.*) Mademoiselle vient pour des mouchoirs?

JULES. Oui, Mademoiselle vient...

MARIE, *étonnée.* Non, Madame; j'avais une robe à monter au troisième: et, comme c'est aujourd'hui la fête de M. Jules, j'ai profité de l'occasion pour lui apporter mon bouquet. Vous permettez, monsieur Jules?

JULES, *prenant le bouquet.* Ah! c'est une attention!.. (*Bas.*) Chère Marie! (*Il remonte.*)

AMANDA, *à part.* Voilà des violettes qui sentent le coucou; nous allons bien voir. (*Haut 4.*) Mademoiselle acceptera-t-elle un verre de champagne?

MARIE. Merci, Madame, je ne bois que de l'eau.

AMANDA, *à part.* Ça n'est pas clair...

MADAME DUCAUCASE, *bas* (5). Dis donc, place-lui z'un billet.

AMANDA. C'est une idée. Mademoiselle me fera-t-elle l'honneur de venir me voir samedi à Chantereine? je joue dans quatre pièces.

MARIE. Désolée, Madame, mais le samedi, je veille jusqu'à minuit.

AMANDA, *à part.* C'est de plus en plus louche.

MARIE. Je vous demande pardon de vous quitter,

1 Cœ. Ro. mad. Duc. Po. Ju. Am. Mar. Nar.
2 Cœ. Ro. mad. Duc. Po. Am. Ju. Mar. Nar.
3 Cœ. Po. mad. Duc. Ro. Am. Ju. Mar. Nar.
4 Cœ. Po. mad. Duc. Ro. Am. Mar. Ju. Nar.
5 Cœ. Po. Ro. mad. Duc. Am. Mar. Ju. Nar.

si vite, monsieur Jules, mais je suis déjà en retard... Mesdames... Messieurs...

ENSEMBLE.

Air : *Gentille Moscovite.*

MARIE, *à part.*

En entrant, l'espérance
Rendait mon cœur joyeux ;
Hélas! la défiance
M'est venue en ces lieux.

JULES, *à part.*

Déjà la méfiance
Peut se lire en ses yeux ;
L'orage va, je pense,
Éclater en ces lieux.

AMANDA, *à part.*

J'en ai l'expérience,
Ils me trompent tous deux ;
Mais prenons patience,
Sur eux j'aurai les yeux.

MADAME DUCAUCASE, POMARD, ROBINSON, COELINA, *désignant Amanda.*

Je vois la méfiance
Ecrite dans ses yeux.
L'orage va, je pense,
Eclater en ces lieux.

(*Elle sort et disparaît, en chantant, par l'escalier de droite. — Pendant cette fin de scène, un domestique de l'hôtel a remis une lettre à Narcisse. Après la sortie de Marie, il se fait dans la chambre un temps de silence. — Amanda regarde Jules d'un air soupçonneux. — Madame Ducausase regarde sa nièce. — Jules regarde Pomard. — Pomard regarde Robinson. — Robinson regarde Cœlina, qui ne regarde rien. — Pendant ce temps d'arrêt, Narcisse a lu sa lettre sur le palier ; elle est ainsi conçue :*)

NARCISSE, *lisant.* « Monsieur, il y a trois mois « que vous avez mon portrait : s'il n'est pas « chez moi dans une heure, je serai forcée de « venir demander à *l'artiste* ce que je n'avais « confié qu'à *l'artiste*. Baronne de Coquardeau. » A l'artiste !.. quoi ! ce que je prenais pour une faveur, c'était... une commande ?.. ah ! nous verrons bien... (*Il monte sur les pas de Marie, qui vient de disparaître en chantant. Après la lecture de la lettre, tous les personnages en scène se sont promenés, les mains derrière le dos, en fredonnant des airs différents. Albert a ouvert sa porte sur le palier et s'est mis à brosser sa redingote.*)

SCÈNE IV.

LES MÊMES, ALBERT, *puis* BÉLASSIS.

JULES, *à part* (1). Il y a de l'orage dans l'air... comment le détourner ? (*Chantant en remontant.*

O Mathilde ! idole de mon âme !...

Il ouvre sa porte ; apercevant Albert sur le palier (2). Ah ! vous voilà levé, mon jeune ami. Voulez-vous prendre un verre de quelque chose avec nous ?

ALBERT. Merci, Monsieur, il faut qu'à neuf heures je sois au ministère.

JULES. Tant pis pour nous.

ALBERT. Monsieur...

JULES. Monsieur... (*Ils se saluent. Albert rentre chez lui. Bélassis ouvre sa porte et se baisse pour prendre ses souliers ; il est en robe de chambre. A part.*) Bélassis !.. voilà mon affaire ! (*Haut.*) Tiens ! c'est M. Bélassis... bonjour, monsieur Bélassis, vous avez bien passé la nuit, monsieur Bélassis ? (*Il vient sur le palier.*)

BÉLASSIS, *sur le palier* (1). Comme ça... vous faisiez un train !...

JULES. Entrez donc, monsieur Bélassis.

BÉLASSIS. Je ne sais si je dois...

JULES, *le poussant dans la chambre.* Entrez donc ! (*A part.*) Ça retardera toujours l'explication. (*Il entre aussi et referme la porte.*)

BÉLASSIS, *saluant* (2). Mesdames... Messieurs... (*Il passe au milieu.*)

TOUS. Bonjour, monsieur Bélassis.

BÉLASSIS, *saluant* (3). Mesdames, croyez bien que de mon côté...

AMANDA, *bas, à Jules.* Monsieur Jules, je désirerais vous adresser quelques interpellations.

JULES, *embarrassé.* Tout à vous, ma bonne amie. (*A Bélassis.*) Monsieur Bélassis, vous mangerez bien une aile de perdreau ?

BÉLASSIS. Vous êtes bien bon, mais...

JULES. Où diable avez-vous donc passé la nuit ?

POMARD. Oui... où avez-vous passé la nuit ?

BÉLASSIS. Moi ?

JULES J'ai gratté vingt fois à votre porte, pour vous prier d'être des nôtres.

BÉLASSIS. Je n'ai pas bougé de chez moi, et je n'ai rien entendu.

POMARD. Diable ! vous avez le sommeil dur.

BÉLASSIS. Je n'ai pas fermé l'œil de la nuit.

POMARD. C'est trop fort ! J'ai sonné de la trompe pour vous réveiller... (*Se reprenant.*) pour vous appeler.

BÉLASSIS, *naïvement.* J'ai bien entendu de la trompe, mais j'ignorais que ce fût...

POMARD. Farceur, va... Allons, monsieur Bélassis, mettez-vous à table. (*Il le fait asseoir, et se place en face de lui.*) Je vais vous tenir compagnie.

ROBINSON, *à part.* Il a donc plusieurs estomacs, cet homme ?

MADAME DUCAUCASE. C'est ça, tenons-lui compagnie. (*Elle va s'asseoir entre eux deux.*)

COELINA. Moi, je vais tâcher de fumer une cigarette. (*Elle en allume une.*)

1 Cœ. Ro. mad. Duc. Po. Ju. Am. Al.
2 Cœ. Ro. mad. Duc. Po. Am. Ju. Al.

1 Cœ. Ro. mad. Duc. Po. Am. Ju. Bel.
2 Cœ. Ro. mad. Duc. Po. Am. Bel. Ju.
3 Cœ. Ro. mad. Duc. Po. Bel. Ju. Am.

ROBINSON, *avec reproche.* Oh! Cœlina!..

AMANDA, *bas, à Jules* (1). Ah çà! à la fin, me direz-vous quelle est cette petite qui, tout à l'heure...

JULES. Mais, je vous l'ai dit. Elle me brode des mouch...

AMANDA, *bas.* Ça n'est pas vrai.

JULES, *voulant la calmer.* Amanda!.. (*Il lui parle bas.*)

POMARD, *versant, au fond.* Buvez donc, monsieur Bélassis.

MADAME DUCAUCASE. Mais oui, buvez donc, monsieur Malassis.

BÉLASSIS. Merci. (*A part.*) Ils sont charmants!.. charmants!..

POMARD. Robinson, un autre pâté?..

ROBINSON. Monsieur?

POMARD. Un autre pâté!..

ROBINSON. Non, Monsieur?

POMARD. Plaît-il?

ROBINSON. Monsieur, servir ceux qui ont faim et soif, c'est le devoir d'un bon domestique; mais se faire le complice de l'intempérance et de la gourmandise!.. jamais!.. jai dit.

POMARD. Ah çà! mais, décidément, il est à empailler.

AMANDA, *à Jules, qui a continué à lui parler bas.* Est-ce bien vrai... tous ces mensonges-là?

JULES. Oh! Amanda!

AMANDA. Hum!..

JULES. Amanda!..

AMANDA. Allons, je vous crois. (*Elle remonte à la table.*)

JULES, *à part.* Ouf!

ROBINSON, *qui a tiré sa montre* (2). Il est neuf heures, le déjeuner des Coquardeau me réclame; je demanderai donc à monsieur Jules la permission...

JULES. Accordée... tiens, mon garçon, voilà pour toi. (*Il veut lui donner de l'argent.*)

ROBINSON. Gardez vos bienfaits, généreux étranger : ce n'est pas pour vous être agréable que je suis resté. (*Regardant Cœlina, qui fume une cigarette.*) C'est dans l'espoir de la sauver. Mesdames, Messieurs... (*A Cœlina.*) Mademoiselle... (*Elle lui lâche une bouffée de tabac; à part, en sortant.*) Oh! oui, je l'arracherai de l'abîme! (*Il sort; au moment où il va s'éloigner, il se trouve en face de Coquardeau qui est arrivé sur le palier.*)

SCÈNE V.

LES MÊMES, COQUARDEAU.

COQUARDEAU (3). Ah! te voilà, toi, drôle?

ROBINSON. Monsieur, ce sont ces Messieurs qui m'ont volé; nous recauserons de ça. (*Ouvrant la porte et annonçant.*) Monsieur le baron de Coquardeau.

COQUARDEAU, *entrant et saluant* (1). Messieurs!..

ALBERT, *qui ouvrait sa porte pour sortir.* Le père d'Adèle! M. Jules le connait! oh! je reste!.. tant pis pour le ministère. (*Il rentre chez lui; Pomard, Bélassis et madame Ducaucase ont quitté la table.*)

COQUARDEAU, *d'un air dégagé.* Mesdames... Vous permettez, ma toute belle. (*Il baise la main d'Amanda; il va en faire autant à madame Ducaucase qui lui tend la sienne, mais, en voyant son museau, il se contente de la saluer; madame Ducaucase fait une forte révérence... s'avançant vers Cœlina.*) Vous permettez, ma divine. (*Il lui baise la main, Cœlina lui bâille au nez, Coquardeau s'éloigne d'elle.*)

ROBINSON, *à part* (2). Bien, Cœlina! bien!

COQUARDEAU. Vous me voyez désolé de ne venir que pour m'excuser.... de n'être pas venu; mais une indisposition de ma fille...

JULES. Ou une bonne disposition de mademoiselle Élisa...

COQUARDEAU, *avec une fatuité mal déguisée.* Quoi! vous penseriez?..

ROBINSON, *bas.* Nous savons tout, Monsieur! c'est du joli!

COQUARDEAU. Plaît-il?

ROBINSON. Nous recauserons de ça.

AMANDA. Ma tante?

MADAME DUCAUCASE, *qui était au fond avec Pomard, descendant* (3). Hein?

AMANDA. Tu vas porter mes lettres chez les journaux, pas vrai?

MADAME DUCAUCASE. Moi, te laisser seule ici! par exemple!..

AMANDA. Bah! chez mon fiancé!

MADAME DUCAUCASE. Allons, soit. (*A part.*) Mais je mettrai les petits pas dans les grands. (*Haut.*) Faudra-t-il que je monte?

AMANDA. Ce n'est pas la peine.

MADAME DUCAUCASE. Ce serait plus poli.

AMANDA. Puisque je te dis que c'est pas la peine.

MADAME DUCAUCASE. Bien, ma nièce! (*A part.*) Je monterai tout de même chez les principals journalistes... c'est plus convenable.

CŒLINA, *se levant.* Je sors avec vous, madame Ducaucase. Je vais tâcher de dormir un peu. (*Elle met son chapeau et son châle.*)

ROBINSON, *à part.* Je vais lui donner des conseils dans l'escalier. (*Madame Ducaucase est allée*

1 Cœ. Ro. Po. mad. Duc. Bel. Ju. Am.
2 Cœ. Po. mad. Duc. Bel. Am. Ro. Ju.
3 Cœ. Po. mad. Duc. Bel. Am. Ju. Ro. Co.

1 Cœ. Ro. mad. Duc. Am. Po. Bel. Ju. Co. Al.
2 Cœ. Ro. mad. Duc. Po. Co. Ju. Am. Bel.
3 Cœ. Ro. Co. Po. Ju. mad Duc. Am. Bel.

prendre son manchon dans lequel elle fourre une bouteille de bordeaux.)

JULES, *bas, aux autres* (1). Regardez donc la tante.

AMANDA. Qu'est-ce vous faites donc là, mame Ducaucase? c'ést donc comme ça que je vous ai élevée?

MADAME DUCAUCASE. C'est pour mon chat, ma nièce.

POMARD. Il boit du bordeaux, votre chat?

MADAME DUCAUCASE. C'est le seul vin qu'il digère. (*On rit.*)

AMANDA. Dis donc, en t'en allant, tu donneras la stalle au jeune homme d'en face... (*Bas.*) N'oublie pas de lui dire que mam'selle Coquardeau y sera.

MADAME DUCAUCASE. As pas peur. (*Faisant la révérence.*) Messieurs... la société et la compagnie!..

ROBINSON, *d'un ton sévère, au baron.* Sans adieu, monsieur le baron.

ENSEMBLE.

Valse de Strauss.

AMANDA, *seule.*

Chez les journaux courez, ma bonne tante,
Avec la presse on n'est jamais trop bien.
Mais, hâtez-vous, quand vous êtes absente,
Frêle rameau, je n'ai plus de soutien
(*Reprise.*)

MADAME DUCAUCASE.

Pour un instant, ma nièce, je m'absente,
Pendant c' temps-là, Manda conduis-toi bien,
N' fais pas rougir les cheveux de ta tante;
L'honneur est tout pour les gens qui n'ont rien.

ROBINSON.

O Cœlina, toi, tu n'as pas de tante,
Mais je suis là, je serai ton soutien.
Ce doux espoir me rend l'âme contente,
Je te guid'rai dans le sentier du bien.

JULES.

Je le sens là, quand Marie est absente,
Mon âme ailleurs cherche en vain son soutien;
Elle languit dans la cruelle attente
De son retour, car le reste n'est rien.

CŒLINA.

Il est midi, je rentre sous ma tente;
Amusez-vous, moi, je dormirai bien.
Ce plaisir seul me rend l'âme contente;
Hors celui-là, tout le reste n'est rien.

POMARD ET COQUARDEAU, *désignant madame Ducaucase.*

Pour un moment, un seul, elle s'absente;
C'est peu vraiment. Si j'avais un moyen
Pour envoyer au diable cette tante,
J'avoue ici que je l'emploirais bien.

(*Madame Ducaucase sort suivie de Cœlina et de Robinson — Jules fume en allant et venant. — Coquardeau allume un cigare à son tour. Madame Ducaucase frappe à la porte d'Albert et entre. — Cœlina et Robinson descendent l'escalier.*)

ROBINSON, *à Cœlina.* Prenez garde, Mademoiselle, il y a un pas. (*Ils disparaissent.*)

SCÈNE VI.

COQUARDEAU, POMARD, JULES, AMANDA, BÉLASSIS.

COQUARDEAU, *dans la chambre s'adressant à Jules* (1). Ainsi, mon cher, vous vous figuriez que la charmante Élisa m'avait confisqué à son profit? (*Il se rengorge.*)

JULES. Dame... on sait que vous n'êtes pas imprenable, monsieur le baron.

POMARD. Ce n'est pas comme Péronne.

COQUARDEAU. Eh bien! non, vrai, ma fille était un peu souffrante.

POMARD. Elle va mieux?

COQUARDEAU. Elle va bien, merci.

POMARD. Ah! tant mieux!

COQUARDEAU. Du reste, je n'ai pas prétendu m'excuser; il est assez notoire que je suis un mauvais garnement.

POMARD, *à part.* Vieux blagueur!

COQUARDEAU. Que voulez-vous? c'est dans le sang; mon père l'était, je le suis! et si j'ai jamais un fils, il le sera! en attendant, j'espère bien que mon neveu...

Air *de Julie.*

En vérité, chez nous c'est un usage
Qui, je le crois, remonte à deux cents ans,
De mes aïeux, je tiens cet héritage;
Ils furent tous d'aimables sacripants.
Moi, j'en suis un, et mon neveu peut-être,
Doit être encor plus déluré que moi;
Enfin, Messieurs, chez nous c'est une loi;
On l'est, le fut, on le doit-être.
(*Il s'assied sur la causeuse.*)

JULES, *allant à lui* (2). Ah! vous êtes un heureux mortel, monsieur le baron, car mademoiselle Bouvry est charmante.

AMANDA, *descendant.* Hein?.. (*Bélassis va à la fenêtre.*)

COQUARDEAU. Vous la connaissez?

JULES. De vue... comme tout le monde; et comme tout le monde je vous ai envié un pareil trésor.

AMANDA. Plaît-il?.. je ne suis donc pas un trésor, moi? (*Pomard cherche à la calmer.*)

JULES. Je ne dis pas cela, mais...

AMANDA. Ah! je ne suis pas un trésor?..

JULES. Amanda!..

AMANDA. Oh! je sens que je vais casser quelque chose!

POMARD, *montrant Coquardeau.* Amanda, vous

1 Cœ. Ro. Co. Po. Ju. Am. Bel. mad. Duc.

1 Po. Co. Ju. Bel. Am.
2 Coq. Jul. Po. Bel. Am.

oubliez que du haut de ce fauteuil, un demi-siècle vous contemple !..

AMANDA, *pleurnichant.* Oh! je voudrais être morte !.. (*Elle va tomber assise devant la table, en proie à sa douleur et les coudes dans les assiettes. Pendant ce temps, madame Ducaucase est sortie de chez Albert, en faisant la révérence; elle sort par l'escalier du fond. — Jules revient près d'Amanda, et a l'air de la consoler.*)

POMARD, *allant au baron* (1). Une question, monsieur le baron; ne craignez-vous pas, dans le cas où madame la baronne viendrait à connaître vos prouesses...

COQUARDEAU. Ma femme! ah! vous ne la connaissez pas!.. Figurez-vous, Messieurs, la discipline... en jupon... un vrai soldat prussien. Résignée quand je sors; joyeuse, quand je rentre; telle est madame de Coquardeau... je vais, je viens, elle ne m'interroge même pas... du regard! Et, quand je suis maussade ou enrhumé, elle me fait la lecture et bassine mon lit. (*En ce moment, madame Coquardeau voilée, paraît sur le palier de l'escalier du fond; elle se dirige vers celui de gauche. — Musique à l'orchestre.*)

SCÈNE VII.

LES MÊMES, HORTENSE, *puis* NARCISSE, *puis* MARIE.

POMARD. Ma foi, c'est affaire à vous, monsieur Coquardeau.

COQUARDEAU (2). Voilà comme je les dresse, mon bon!

HORTENSE. Mon mari!.. (*Elle fait un pas pour redescendre; Narcisse paraît à l'escalier de droite.*)

NARCISSE (3). Ah! c'est vous, Madame?

HORTENSE. Silence !.. mon mari est là ! et s'il me voit ici, il va croire...

NARCISSE, *effrayé.* C'est vrai! montez vite! (*Il la pousse vers l'escalier de droite.*)

HORTENSE, *se reculant* (4). On descend de ce côté.. impossible!

AMANDA. Une voix de femme!.. (*Elle entr'ouvre vivement la porte; Narcisse la referme aussitôt.*) Ah !...

HORTENSE, *jetant un cri.* Ah !.. (*Elle se réfugie à gauche, contre la chambre.*)

AMANDA. J'ai vu une robe.

POMARD. Eh bien?

AMANDA. Je parie que c'est la petite de tantôt!..

HORTENSE, *allant voir à l'escalier du fond.* Quelqu'un monte!.. (*Elle revient en scène.*)

1 Bel. Coq. Po. Jul. Am.
2 Bel. Coq. Po. Ju. Am. Hor.
3 Bel. Coq. Po. Ju. Am. Hor. Nar.
4 Bel. Coq. Po Ju. Am. Nar. Hor.

NARCISSE. Comment faire? (*Apercevant Marie qui descend du troisième.*) Marie !.. il n'y a que ce moyen! (*Bas, à madame Coquardeau.*) Ne bougez pas! (*Il lâche la porte, qui en s'ouvrant masque la baronne au public, et à ceux qui sont dans la chambre de Jules. En ce moment, Marie est arrivée près de Narcisse, qui la prend dans ses bras, et lui dit à l'oreille* (1)... Pas un mot!.. il y va de l'honneur et de la vie d'une femme.

MARIE. Plaît-il? (*Jules sort sur le palier; Coquardeau regarde de la porte, un lorgnon dans l'œil. Ils aperçoivent Marie dans les bras de Narcisse.*)

JULES, *furieux* (2). Marie!

AMANDA. J'en étais sûre!

JULES. Me direz-vous, Mademoiselle?

NARCISSE. Jules, pas de scandale!.. pour la maison.

JULES. Soit! venez, Mademoiselle... (*Tous rentrent chez Jules.*)

NARCISSE, *bas, à Hortense.* Fuyez!.. (*Il entre dans la chambre et ferme la porte; Hortense s'éloigne par l'escalier.*)

SCÈNE VIII.

LES MÊMES, *moins* HORTENSE, MADAME DUCAUCASE.

JULES, *à Marie* (3). Eh bien! Mademoiselle, qu'avez-vous à dire pour vous justifier? (*Coquardeau et Narcisse remontent; Amanda s'est assise sur la causeuse. Fin de la musique.*)

MARIE. Me justifier? et de quoi? je n'ai rien à vous apprendre... Je descendais du troisième, Monsieur m'a embrassée; et voilà tout.

JULES. Tant de perfidie et de sang-froid? à votre âge!.. ah! c'est odieux!.. c'est...

AMANDA, *fronçant le sourcil, se levant et passant près de Jules.* Ah çà, qu'est-ce que ça vous fait qu'on embrasse Mademoiselle?

JULES (4). Mais...

AMANDA, *éclatant.* Ah! vous me trompiez!

MARIE. Comment?

AMANDA. Ah! tous vos serments, c'était du chrysocale.

MARIE. Des serments? (*A Jules.*) Vous me trompiez donc aussi?

AMANDA, *furieuse.* Ah! vous aimez Mam'selle?.. Galopin, va! (*Madame Ducaucase paraît sur le palier.*)

JULES. Voyons, Amanda, calmez-vous; je sais bien que je suis dans mon tort. Vous, si bonne, si fidèle! (*A Marie.*) Car elle est fidèle! (*Madame Ducaucase entre dans la chambre.*)

1 Bel. Coq. Po. Am. Ju. Hor. Nar. Mar.
2 Bel. Po. Coq. Am. Hor. Jul. Nar. Mar.
3 Bel. Am. Po. Ju. Mar. Coq. Nar.
4 Bel. Po. Am. Ju. Mar. Coq. Nar.

AMANDA. Fidèle? plus souvent! ah! vous aviez une maîtresse? Eh bien! moi... j'ai un amant, na!

MAD. DUCAUCASE (1). Un amant! ma nièce a un amant!.. (*Elle pousse un cri de canard sauvage et s'évanouit grotesquement dans les bras de Narcisse, qui la fait asseoir au fond.*)

JULES. Un amant!..

AMANDA (2). Oui! un amant et... le voici! (*Elle désigne Bélassis, qui est assis sur le dossier d'une chaise, près de la fenêtre.*)

TOUS. Bélassis!

BÉLASSIS, *ahuri, et se levant tout droit sur sa chaise.* Moi? votre... (*Il descend.*)

AMANDA, *bas.* Dites comme moi.

BÉLASSIS. En effet, j'avoue que...

AMANDA, *bas.* Assez!

BÉLASSIS. Mais...

AMANDA, *bas.* Trop!

JULES, *furieux* (3). Trahi! trahi de tous côtés! ah!.. c'est indigne!..

MARIE. C'est vous qui m'accusez, après ce que je viens d'apprendre? c'est trop fort, par exemple!.. Il ne tiendrait qu'à moi de vous prouver...

JULES. Quoi?

MARIE. Rien. Vous pouvez croire tout ce que vous voudrez, allez! ça m'est bien égal! car je vous déteste! je vous ai en horreur! (*Pleurant.*) Et je suis bien contente de ce qui est arrivé, parce que ça m'a appris à vous connaître. Adieu, Monsieur, adieu!.. (*Elle sort en pleurant et s'éloigne par l'escalier du fond.*)

NARCISSE, *à part, fermant la porte* (4). Pauvre petite! mon devoir à présent est de la dédommager. Je ferai mon devoir.

SCÈNE IX.

LES MÊMES, *moins* MARIE.

JULES. Quel aplomb! (*Revenant.*) Et ce n'est pas assez d'être trompé, il faut que je le sois par mes amis!.. Toi, Narcisse, un vieux camarade!..

NARCISSE. Mon ami, je te jure... si tu savais?

JULES (5). Et vous, Bélassis, un voisin! un homme sans conséquence!..

BÉLASSIS. Mon Dieu, Monsieur, vous savez, l'occasion... la fougue de l'âge et des passions... le... la...

AMANDA, *qui était près de sa tante.* Hum!.. hum!.. ça va-t-il mieux, ma tante?

MADAME DUCAUCASE, *se levant* (6). Oui, ma nièce! ça m'a donné un coup comme ça sur le moment, mais je te pardonne, au moins!.. Pauvre chérie! tout ça, c'est la faute de ces gueux d'auteurs, de directeurs et de journalistes!

PÔMARD, *qui s'est assis sur la causeuse.* Ah! bah? (*Coquardeau remonte consoler Jules qui est allé s'asseoir au fond.*)

MADAME DUCAUCASE (1). Oui, Môsieu!.. car enfin, si tous ces gamins-là avaient fait à ma nièce la position... qu'elle est digne, la gloire aurait suffi à son cœur, et elle n'aurait jamais songé... (*Fondant en larmes.*) Ah! savoyards, va!

POMARD, *à part.* Ah! c'est déchirant!

COQUARDEAU, *à part, près de Jules.* Pauvre jeune homme!.. (*Haut.*) Voyons, mon ami, du calme, que diable! (*Pomard se lève et remonte près de Jules.*)

JULES (2). Non, mais voyez-vous, c'est que je n'y comprends rien!.. Une jeune fille qui travaille du matin au soir (je la voyais d'ici), et une femme que je suivais comme son ombre!.. (*Bélassis s'est assis sur la causeuse. — Amanda a mis son châle et son chapeau.*)

POMARD. C'est qu'il n'aura pas fait de lune ce soir-là.

AMANDA, *saluant Jules* (3). Monsieur Jules... au plaisir... de ne jamais vous revoir... T'es prête, ma tante?

MADAME DUCAUCASE, *d'un ton lugubre.* Oui, ma nièce.

AMANDA. Votre bras... Anatole.

BÉLASSIS, *à part, se levant.* Elle m'appelle par mon petit nom! est-ce que réellement? (*Jules se lève.*)

ENSEMBLE.

Air : *J'aime l'uniforme.*

AMANDA.

Oui, de son offense
Et de sa noirceur,
J'ai tiré vengeance,
Pour moi quel bonheur!

JULES.

Pour tirer vengeance
De tant de noirceur,
Au diable, je pense,
J'offrirais mon cœur.

BÉLASSIS.

Charmante espérance!
Aujourd'hui, mon cœur
Va dans la vengeance
Trouver le bonheur.

MADAME DUCAUCASE.

Déplorable engeance
D'auteurs et d'acteurs!
Je vous dois, je pense,
Toutes mes douleurs.

1 Bel. Po. Am. Ju. Mar. Mad. Duc. Coq. Nar.
2 Po. Bel. Am. Jul. Mar. Coq. Mad. Duc. Nar.
3 Po. Coq. Bel. Am. Mad. Duc. Nar. Jul. Mar.
4 Po. Coq. Bel. Am. Mad. Duc. Ju. Nar.
5 Po. Coq. Am. mad. Duc. Bél. Jul. Nar.
6 Po. Coq. Bél. Am. mad. Duc. Jul. Nar.

1 Po. Bél. Am. mad. Duc. Coq. Jul. Nar.
2 Bél. Am. mad. Duc. Po. Coq. Jul. Nar.
3 Bél. mad. Duc. Am. Po. Jul. Coq. Nar.

NARCISSE.

Une inconséquence,
Une simple erreur,
Va causer, je pense,
Un triple malheur.

POMARD ET COQUARDEAU.

La douce espérance
D'un autre bonheur,
Pourra je le pense,
Calmer sa fureur.

(*Bélassis sort avec Amanda et madame Ducaucase. — Jules tombe sur une chaise au milieu et reste absorbé.*)

COQUARDEAU, *à part.* Sapristi!.. pauvre jeune homme! sapristi!

BÉLASSIS, *sur le palier, pressant le bras d'Amanda* (1). Chère Amanda!

AMANDA, *voyant que la porte est fermée, retirant vivement son bras.* De quoi?.. comment, mon bonhomme, vous n'avez pas compris que c'était une balançoire?..

BÉLASSIS, *stupéfait.* Une balançoire!

MADAME DUCAUCASE. Une balançoire!... Ah! quel bonheur!

AMANDA. Filons, ma tante... (*Elles disparaissent par l'escalier du fond.*)

BÉLASSIS, *d'un ton piteux.* Ça m'étonnait aussi, moi. (*Il rentre chez lui.*)

SCÈNE X.

COQUARDEAU, JULES, POMARD, NARCISSE, *puis* ALBERT.

COQUARDEAU. Voyons, un peu de philo...

POMARD (3). Tu n'es donc pas un homme?..

JULES, *naïvement.* Deux femmes que j'aimais tant!

NARCISSE, *assis au fond, à droite, à part.* Je ne peux pourtant rien dire, moi!

COQUARDEAU. Tenez, mon ami, je vois ce qu'il vous faut; c'est de la distraction; passez un habit et je vous emmène.

JULES. Où donc?

COQUARDEAU. Chez madame de Coquardeau.

JULES. Hein?

NARCISSE, *à part, se levant.* Plaît-il?

COQUARDEAU. Ça vous amusera, et moi aussi.

JULES, *se levant.* Quoi! vous voulez?

COQUARDEAU. J'adore les jeunes gens, moi!

JULES, *bas, à Pomard.* Au fait... une baronne! ce serait une douce vengeance et une belle compensation.

COQUARDEAU. Eh bien?

JULES. J'accepte, baron. (*Il sort un moment par la porte du fond.*

COQUARDEAU (1). A la bonne heure... Voyons donc; la voiture doit être en bas; j'ai dit aux chevaux de venir me prendre à midi. (*Il va ouvrir la fenêtre et regarde dans la rue.*)

NARCISSE, *à part* (2). Pour se consoler, il est capable de tout... il n'y a pas de temps à perdre. (*Tirant de sa poche une enveloppe énorme.*) Au lieu de ces vers que je destinais à la baronne, je vais lui envoyer des horreurs sur mon ami. (*Il se met au guéridon, à droite, et écrit. Tout en écrivant.*) C'est... canaille... mais... c'est très-porté.

COQUARDEAU, *à la fenêtre.* Je ne vois rien venir.

POMARD, *à Narcisse, tout en trempant un biscuit dans un verre de vin.* Qu'est-ce que tu fais donc là, toi?

NARCISSE. J'écris à mon vieux père.

POMARD. Je bois à sa santé!

COQUARDEAU. Ah! enfin!.. j'aperçois une livrée jaune... c'est la mienne!..

NARCISSE, *à part.* Voilà qui est fait. (*Il met sa lettre dans l'enveloppe et cachète.*)

JULES, *qui a terminé sa toilette, rentrant* (3). Quand vous voudrez, baron.

COQUARDEAU. Quand vous voudrez.

JULES. Alors, je vous suis. (*Coquardeau sort de la chambre. Jules regarde autour de lui s'il n'oublie rien.*)

NARCISSE, *qui est sorti à la suite de Coquardeau, et qui a fermé la porte* (4). Monsieur le baron, seriez-vous assez bon pour...

COQUARDEAU, *riant.* Ah! je gage qu'il s'agit encore...

NARCISSE. D'un projet colossal que je voudrais soumettre au ministre.

COQUARDEAU. Donnez, mon jeune Colbert, donnez. (*Il prend la lettre et descend l'escalier du fond.*)

NARCISSE, *à part.* Allons, l'antidote arrivera en même temps que le poison. (*Il monte l'escalier à droite.*)

ALBERT, *sortant de chez lui avec précaution, et venant ouvrir la porte de Jules* (5). Monsieur Jules?

JULES. Monsieur?

ALBERT. Vous allez chez monsieur le baron?

JULES. A l'instant.

ALBERT. Alors, vous verrez sa fille.

JULES. C'est probable.

ALBERT. Seriez-vous assez bon pour lui dire du bien de moi?

1 Po. Jul. Coq. Nar. mad. Duc. Am. Bél.
2 Po. Jul. Coq. Nar. Bél.
3 Po. Jul. Coq. Nar.

1 Po. Coq. Jul. Nar.
2 Coq. Po. Nar.
3 Po. Coq. Jul. Nar
4 Jul. Po. Coq. Nar.
5 Po. Jul. Al.

JULES. Certainement!

ALBERT. Ah! merci, Monsieur, merci. (*Il rentre chez lui un moment.*)

JULES, *à Pomard* (1). Bon! la baronne va peut-être me montrer comment on trompe les maris; et mademoiselle Adèle comment on trompe ses parents; de cette façon, j'aurai une édition complète des fourberies de femmes... en matière de sentiment.

COQUARDEAU, *reparaissant sur l'escalier du fond.* Eh bien! mon cher, venez donc... je vous attends!..

JULES. Voilà! (*Il sort de chez lui. Musique à l'orchestre.*)

COQUARDEAU, *lui prenant le bras.* A l'hôtel! (*Ils descendent.*)

NARCISSE, *reparaissant par l'escalier de droite.* Moi, chez Marie. (*Il descend.*)

ALBERT, *rentrant et soupirant.* Moi, au ministère! (*Il descend.*)

POMARD, *sortant de chez Jules.* Moi... je vais déjeuner! (*Il descend.*)

FIN DU PREMIER ACTE.

1 Po. Jul.

ACTE DEUXIÈME.

FOURBERIES DE FEMMES EN MATIÈRE DE SENTIMENT.

Un salon très-coquet chez la baronne de Coquardeau. Au fond, une cheminée surmontée d'une glace sans tain, à travers laquelle on aperçoit une salle à manger. De chaque côté de la cheminée une porte ouvrant sur la salle à manger. Deux autres portes à droite et à gauche, dans le pan coupé; elles sont garnies de portières. Un piano à droite; une causeuse du même côté; un guéridon à gauche. Sur ce guéridon une papeterie et un timbre. Sur le piano, de la musique, des albums. Deux candélabres sur la cheminée; fauteuils.

SCÈNE PREMIÈRE.

ROBINSON, *puis* ASPASIE.

(*Au lever du rideau, Robinson est endormi sur la causeuse.*)

ROBINSON, *s'éveillant en sursaut.* Hein? plaît-il? Monsieur a sonné? quelle maison, mon Dieu! c'est à faire dresser la tête... sur les cheveux! un bourgeois qui vous rentre à des cinq heures du matin! Et une bourgeoise qui va dans les hôtels garnis!.. car enfin, madame la baronne, il y a trois jours, j'ai trouvé, dans l'escalier de l'hôtel de Flandres, ce mouchoir marqué à votre enseigne... (*Il le montre et le remet dans sa poche.*) Et je désirerais savoir...

ASPASIE, *en dehors.* C'est bon! c'est bon!

ROBINSON. Nous recauserons de ça, madame la baronne.

ASPASIE, *entrant par la droite, à la cantonade* (1). Si Madame n'est pas contente, elle n'a qu'à le dire, nous n'avons pas fait de bail.

ROBINSON. Plaît-il?.. à qui donc parlez-vous comme ça?

ASPASIE. A la baronne, donc!

ROBINSON. Et elle ne vous flanque pas dans les escaliers?

ASPASIE. Mon cher ami, pour que les maîtres soient polis avec nous, il faut être malhonnête avec eux... mais, pour ça, il faut les tenir; ainsi la baronne, pourquoi vient-elle de filer doux? parce qu'elle sait que je connais ses secrets mignons, et que je ne me gênerais pas pour en causer.

ROBINSON. Madame aurait-elle des amants?

ASPASIE. Oh! je suis forcée d'avouer qu'elle n'en a pas! mais elle est coquette, mon bonhomme...

ROBINSON, *à part.* Son bonhomme!

ASPASIE. Et à ce jeu-là, s'il n'y a pas de feu, il y a de la fumée...

ROBINSON. Ainsi Madame...

ASPASIE. Est une coquette, qui s'est trop compromise à mes yeux, pour faire des manières avec moi.

ROBINSON. Mais, Monsieur ne voit donc rien de tout ça?..

ASPASIE. En voilà encore un, à qui je conseille de marcher droit.

ROBINSON, *naïvement.* Moi aussi je le lui conseille! mais il ne m'écoute pas!

ASPASIE. Tu ne m'entends pas... je veux dire que j'ai déjà sur lui certains renseignements... et que j'ai compté sur toi pour les compléter.

ROBINSON. Sur moi?.. Mademoiselle, vous n'êtes pas sans avoir entendu parler de la discrétion des carpes; eh bien! auprès de moi, les carpes sont... des perroquets. (*Il remonte.*)

ASPASIE. Tu es discret? enfin!.. on n'est pas parfait. Chut! v'là Mam'selle. (*Musique à l'orchestre.*)

SCÈNE II.

LES MÊMES, ADÈLE, COQUARDEAU.

(*Adèle entre par la gauche, une lettre à la main, elle s'assied près du guéridon, ouvre la papeterie et cachète la lettre.*)

ASPASIE, *à part* (1). Qu'est-ce qu'elle fait donc là?..

1 Ro. As.

1 Ad. Ro. As.

ADÈLE, *mettant l'adresse.* A Monsieur A. Morin, hôtel de Flandres. (*Fin de la musique. D'une voix douce et flûtée.*) Robinson, vous savez que nous avons du monde à dîner.

ROBINSON. Hélas ! on va encore se coucher demain.

ADÈLE, *se levant.* Voici une invitation que j'avais oubliée ; vous allez la porter à son adresse.

ROBINSON, *prenant la lettre.* Bien, mams'elle.

ADÈLE. N'allez pas vous tromper... c'est qu'il y a dans l'hôtel deux jeunes gens du nom de Morin, l'un s'appelle Arthur, l'autre Albert, et c'est à ce dernier qu'il faudrait...

ROBINSON. Il y a un moyen bien simple : mettez Albert en toutes lettres.

ADÈLE. Ah !.. c'est que la lettre est destinée à M. Arthur ; et c'est à M. Albert qu'il faut la donner.

ASPASIE, *à part.* Tiens, tiens, tiens !

ADÈLE. Vous avez compris ?

ROBINSON. Parfaitement. (*Il ne bouge pas.*)

ADÈLE. Qu'est-ce que vous attendez ?

ROBINSON, *rendant la lettre.* J'attends que vous m'ordonniez de vous rendre ce message ; car je ne saurais le porter dans ces conditions-là. (*Il remonte.*)

ADÈLE, *passant près d'Aspasie.* Ce que je fais est donc mal ?

ASPASIE (1). Mais non, Mademoiselle ; c'est pour le bon motif, n'est-ce pas !

ADÈLE. Sans doute !

ASPASIE. Eh bien ! si vous voulez, je ferai la commission, moi.

ADÈLE. Pourtant, si Robinson pense...

ASPASIE. Robinson est un imbécile.

ROBINSON. Moi ?..

ADÈLE, *naïvement.* Robinson, vous êtes un imbécile. Tenez, Aspasie. (*Elle lui donne la lettre.*)

ROBINSON. Encore un mot.

ASPASIE. Ne l'écoutez pas, Mademoiselle ; il va dire quelque bêtise.

ROBINSON. Je...

ADÈLE, *de même.* Je ne vous écoute pas, Robinson.

ROBINSON. Mais vous ne voyez donc pas que cette fille est une intrigante ?

ADÈLE. Vous ! Aspasie ?

ASPASIE. Mais non, Mam'selle, c'est lui qui est idiot.

ADÈLE. Mon ami, elle dit que vous êtes idiot.

ROBINSON. Oh !...

HORTENSE, *en dehors.* Ce soir... à six heures...

ADÈLE, *écoutant.* Ma belle-mère !.. Oh ! Aspasie, je tremble !.. Si elle allait m'interroger sur l'état de mon cœur ?

ROBINSON. Eh bien ! qu'un noble aveu...

ASPASIE, *de l'autre côté.* Ne dites rien ! et laissez faire au temps. (*Elle remonte derrière la causeuse.*)

ADÈLE. Je laisserai faire au temps, Robinson.

ROBINSON. Bien ! très-bien ! O les femmes ! (*Il remonte.*)

1 Ro. Ad. As.

SCÈNE III.

LES MÊMES, HORTENSE.

HORTENSE, *entrant par la droite, à Aspasie* (1). Laissez-nous.

ASPASIE. Oui, Madame. (*Elle fait à Adèle un signe d'intelligence ; celle-ci sort par la porte du fond, à droite.*)

ROBINSON, *à part, après avoir remarqué ce signe.* Quelle boutique, mon Dieu ! (*Il sort par la même porte.*)

HORTENSE, *à Adèle* (2). Bonjour, chère enfant.

ADÈLE. Bonjour, Madame. (*Hortense la baise au front.*)

HORTENSE. Je me réjouis de vous trouver seule. J'ai à vous parler.

ADÈLE. Ah !

HORTENSE, *la conduisant près de la causeuse, la faisant asseoir et s'asseyant à côté d'elle.* Voyons, venez ici, près de moi... là ! et maintenant, causons comme deux bonnes amies.

ADÈLE. Je vous écoute, Madame (3).

HORTENSE. Savez-vous, ma chère Adèle, que vous êtes en âge d'être mariée.

ADÈLE. Je ne savais pas, Madame.

HORTENSE, *riant.* Eh bien !... je vous l'apprends... Nous vous avons trouvé un parti très-avantageux... un homme fort bien posé dans le monde, reçu dans les plus grandes maisons... et qui s'empressera d'y conduire... sa femme.

ADÈLE, *à part.* Et sa belle-mère...

HORTENSE. Le mari qu'on vous destine vous sera présenté aujourd'hui même.

ADÈLE. Ah !

HORTENSE. C'est la personne que votre père a amenée, l'autre soir, dans notre loge à l'Opéra...

ADÈLE. M. Arthur Morin !

HORTENSE. Précisément... Comment le trouvez-vous ?

ADÈLE. Madame... je ne désire pas me marier.

HORTENSE. C'est-à-dire que M. Morin n'est pas de votre goût ?

ADÈLE, *avec un sourire.* Vous croyez, Madame ?

HORTENSE. J'en suis sûre... Aimeriez-vous quelqu'un ?

ADÈLE. Moi, Madame !..

HORTENSE. Il ne faut pas rougir pour cela, ce

1 Ro. Ad. Hor. As.
2 Ad. Hor.
3 Hor. Ad.

serait une chose toute naturelle. Voyons, serait-ce M. de Vernon?

ADÈLE. Je vous le répète, Madame, je ne veux pas me marier.

HORTENSE, *à part.* Ce n'est pas celui-là. (*Haut.*) M. de Crouy?

ADÈLE. Je voudrais entrer au couvent.

HORTENSE, *à part.* Celui-là non plus. (*Haut.*) M. Albert de Chevreuse?

ADÈLE, *après un mouvement réprimé, au deuxième nom.* Une petite cellule pleine d'oiseaux et de fleurs...

HORTENSE, *à part.* Elle a tressailli au nom d'Albert!.. Est-ce que, par hasard, ce petit monsieur que je rencontre partout... (*Haut.*) J'oubliais M. Albert... Morin,

ADÈLE, *vite.* Oui.

HORTENSE, *sévèrement, se levant.* Ah!.. (*Elle gagne la gauche.*)

ADÈLE, *à part, se levant.* C'était un piége!... (*Haut, et sur le même ton que précédemment.*) Oui, Madame, tel est mon rêve le plus cher.

HORTENSE. M. Albert?

ADÈLE. Non, Madame, le couvent.

HORTENSE, *à part.* Je suis fixée. (*Haut et un peu sèchement.*) Mon enfant, il se fait tard, et il faut achever votre toilette.

ADÈLE. Oui, Madame. (*Elle remonte. Aspasie entre par la porte du fond à gauche. Bas.*) Eh bien?

ASPASIE, *de même* (1). C'est fait... il viendra.

ADÈLE, *bas.* Merci. (*Haut, et se retournant vers Hortense.*) Madame...

ENSEMBLE.

Air : *Valse des Farfadets.*

ADÈLE.

Oui, le meilleur moyen,
C'est de ne dire rien,
Et d'attendre le jour
Où je pourrai proclamer mon amour.

ASPASIE.

Oui, le meilleur moyen,
C'est de ne dire rien,
Et d'attendre le jour
Où vous pourrez parler de votre amour.

HORTENSE.

Jamais, je le vois bien,
Elle ne dira rien;
Mais, j'espère qu'un jour,
Je saurai bien découvrir son amour.

(*Adèle sort par la gauche.*)

SCÈNE IV.

HORTENSE, ASPASIE.

HORTENSE (2). Aspasie!

ASPASIE. Madame!

HORTENSE. Vous avez parlé à mademoiselle Adèle? que lui avez-vous dit? je veux le savoir. (*Elle va au piano et feuillette un album.*)

ASPASIE, *à part.* Tu veux!.. As-tu fini!..

HORTENSE. Eh bien?

ASPASIE, *à part, s'approchant.* Attends un peu. (*Haut.*) Mon Dieu, Madame, je disais à Mademoiselle que M. le baron est dans sa bibliothèque avec M. Jules Mathien.

HORTENSE. M. Jules Mathien?

ASPASIE. Vous savez, Madame, ce jeune homme qui vous a reconduite jusqu'à votre voiture, au dernier bal de l'Hôtel-de-Ville.

HORTENSE. Oui, peut-être bien.

ASPASIE. Oh! pour sûr, Madame... même qu'il vous faisait marcher si vite que... vous en avez perdu votre bouquet. (*Elle rit.*)

HORTENSE, *à part, quittant le piano.* Imprudente! je ne puis pourtant implorer son silence... ah! j'ai un moyen!.. (*Avec un cri.*) Ah!..

ASPASIE. Quoi donc, Madame?

HORTENSE. Maudit bracelet! je viens en le rattachant, d'en fausser la fermeture... Vous le porterez chez Janisset. (*Elle le lui donne et passe à gauche.*)

ASPASIE (1). Oui, Madame.

HORTENSE. Au fait, non... Il ne me plaît plus.

ASPASIE. C'est pourtant un joli bijou.

HORTENSE. Vous le trouvez joli?.. Eh bien! gardez-le, je vous le donne.

ASPASIE. Ah! Madame, que de bontés!..

HORTENSE. C'est bien, c'est bien. (*Elle s'assied près du guéridon.*)

ASPASIE, *à part.* Je comprends.

ROBINSON, *entrant par la porte du fond à droite.* (2). Le bijoutier de Madame et le carrossier de Monsieur vous prient d'agréer leurs factures. (*Il les présente sur un plat d'argent et sort par où il est entré.*)

HORTENSE, *qui a pris les factures* (3). Voyons cela... Carossier.. deux mille francs... à la bonne heure! voilà un mémoire raisonnable... Voyons celui de Janisset, (*Se levant.*) Ah! mon Dieu! six mille francs!.. mais c'est monstrueux! jamais le baron ne paiera cela... Comment faire?

ROBINSON, *qui rentre par la porte du fond à droite* (4). M. le baron. M. Jules Mathien. (*Musique à l'orchestre. Le baron et Jules Mathien paraissent dans le fond venant de la droite, ils traversent derrière la glace de la cheminée.*)

HORTENSE, *à part.* Je suis sauvée!.. Robinson, dites aux fournisseurs d'attendre (5). (*Le baron*

1 As. Ad. Hor.
2 As. Hor.

1. Hor. As.
2. Hor. Ro. As.
3. Hor. As.
4 Hor. Rob. As.
5. J. Coq. Hor. As.

et Jules entrent en scène par la porte du fond, à gauche. Robinson sort par la porte du fond à droite.)

HORTENSE, *bas, à Aspasie.* Prenez ces factures, et... (*Elle continue tout bas.*)

SCÈNE V.

HORTENSE, ASPASIE, COQUARDEAU, JULES.

COQUARDEAU, *bas, à Jules* (1). Vous allez voir comme ça marche ici ! (*Haut.*) Baronne, je vous présente monsieur Jules Mathien, (*Silence de la baronne.*) un de mes amis, (*Même jeu.*) de mes bons amis.

ASPASIE. Va toujours, Coquardeau.

COQUARDEAU. Oui, tu sais bien, chère amie... Monsieur Jules Mathien, que j'ai amené avec moi il y a trois jours pour te le présenter, et que ta maudite indisposition t'a empêchée de recevoir.

HORTENSE, *avec indifférence.* Ah!

JULES, *passant près d'Hortense* (2). Mais je remercie aujourd'hui l'heureux destin auquel je dois un bonheur si vivement souhaité.

HORTENSE, *lui faisant un salut glacial.* Monsieur.

JULES, *étonné.* Madame... (*Bas, à Coquardeau.*) Ah çà, qu'est-ce que vous me disiez donc, vous?

COQUARDEAU, *abasourdi.* En effet, je... je n'y comprends rien.

HORTENSE, *bas, à Aspasie.* Quand je tousserai.

ASPASIE, *à part.* Compris ! le bijoutier de Madame va voyager dans la calèche de Monsieur. (*Elle sort par la porte du fond à droite.*)

SCÈNE VI.

HORTENSE, COQUARDEAU, JULES.

(*Un temps de silence — Coquardeau regarde alternativement Jules et sa femme ; puis il fait signe à Jules de s'asseoir et va chercher un siége pour lui.— On s'assied; autre silence.*)

JULES, *à part* (3). C'est assez gai, ici.

COQUARDEAU. Jules?

JULES. Monsieur?

COQUARDEAU. Baronne?

HORTENSE *assise sur la causeuse.* Monsieur?

COQUARDEAU, *à Jules.* Ah çà, mais parlez donc à ma femme... Et vous, ma chère, pourquoi tant de façons? Puisque je vous dis que Monsieur est mon ami.

HORTENSE, *se levant et saluant.* Monsieur... (*Elle se rassied.*)

JULES, *de même.* Madame... (*A part.*) Elle y tient. (*Il se rassied.*)

COQUARDEAU. Vous voyez?.. ça commence à venir.

1. J. Coq. Hor. As.
2 J. Coq. Hor.
3 Coq. Hor. J. As.

JULES. Mais je ne trouve pas... et je vous avouerai franchement que je crains d'être importun. Aussi, mon cher baron, permettez-moi... (*Il se lève et replace son fauteuil près du guéridon.*)

COQUARDEAU, *se levant aussi. Bas.* Allons donc! il ne faut pas faire attention à cela ! je suis sûr, qu'au fond, ma femme vous aime beaucoup : allons, restez, je le veux... Voyons, vous resterez... D'ailleurs, je vais lui parler, moi. (*Il va reporter son fauteuil au fond, près de la cheminée.*)

JULES, *à part.* Ah! je commence à lire dans votre jeu, madame la baronne!..

COQUARDEAU, *bas, à Hortense.* Hortense, je vous en supplie!.. Vous me déshonorez!.. (*La baronne hausse les épaules; et pour toute réponse se met à tousser. A Jules.*) Tout s'explique! Elle est enrhumée! Sans cela, vous auriez vu la façon charmante...

ASPASIE, *rentrant par la porte du fond à droite* (1). Le bijoutier et le carrossier viennent d'apporter leurs factures! (*Elle les tient à la main.*)

COQUARDEAU. Allons, bon! quand on a quelqu'un.

HORTENSE. En effet, Aspasie.. vous n'auriez pas dû... Enfin, puisque le mal est fait... Monsieur voudra bien nous permettre... (*Elle prend les factures. — Aspasie se retire derrière la causeuse.*)

JULES, *à part.* (2) Je devine!.. les fonds secrets.

HORTENSE, *à son mari.* Tenez, Monsieur, prenez et vérifiez!

COQUARDEAU. Allons donc! Est-ce que je m'occupe de ces choses-là, quand j'ai du monde ?

HORTENSE. Quatre pages, ce n'est pas long.

COQUARDEAU. C'est très long, et c'est assommant.

HORTENSE. Puisque Monsieur le permet.

COQUARDEAU. Encore... Eh bien! tenez... dans ma famille les factures, voilà comment ça se vérifie! (*Il prend les factures, les déchire et les jette dans la cheminée.*)

HORTENSE. Là!.. et voilà comme vous faites toujours!.. Savez-vous à quoi cela vous mène?.. à vous faire voler indignement.

COQUARDEAU, *s'adossant à la cheminée.* Soit! qu'on me vole! qu'on me pille! qu'on me fourre à Clichy!.. mais on ne me fera jamais agir comme un bourgeois, que diable!

HORTENSE. Mais!..

COQUARDEAU, *revenant à sa femme.* Assez!.. Dites-moi le total et qu'il n'en soit plus question.

HORTENSE. Le total?.. huit mille francs.

COQUARDEAU. Vous dites?

JULES. Madame a dit : huit mille francs.

COQUARDEAU. J'avais bien entendu.

1. J. Coq. As. Hor.
4. J. Coq. Hor. As.

JULES. Ah! je croyais que vous n'aviez pas...

COQUARDEAU. Huit mille francs...

HORTENSE. Votre carrossier vous vole à pleines mains!.. Eh bien!

COQUARDEAU. Les voici! (*Il les tire de son portefeuille et les donne à sa femme.*)

HORTENSE. Ah! monsieur Coquardeau, je vous l'ai toujours dit, vous n'aurez jamais d'ordre. (*Elle donne les billets à Aspasie.*)

ASPASIE, *à part.* Et le tour est fait. (*Elle sort en riant par la porte du fond, à droite.*)

JULES, *flairant autour de lui, à part* (1). Oh! ça sent déjà la fourberie à plein nez.

COQUARDEAU. Tu ne tousses plus, chérie?

HORTENSE, *se levant.* Non! merci... c'est passé.

JULES, *à part.* C'est payé!.. allons! cela promet!.. (*Haut.*) Madame... cher baron!.. (*Il salue.*)

HORTENSE. Monsieur nous quitte?

COQUARDEAU. Pourquoi donc ça?

JULES. Une visite indispensable! (*Bas, au baron.*) Je veux vous laisser le temps de parler pour moi.

COQUARDEAU, *bas.* Très-bien! (*Haut.*) A ce soir donc, à dîner!

HORTENSE. Ah! Monsieur est des nôtres?

COQUARDEAU. Oui, chère amie!.. Monsieur et deux autres jeunes gens de mes amis!.. j'adore les jeunes gens.

JULES, *saluant de nouveau, en passant près d'Hortense.* Madame... (*Il remonte* (2).

Air des *Premières coquetteries.*

JULES, *bas, à Coquardeau.*

Allons, baron, de l'éloquence;
D'abord parlez-lui sans courroux,
Et pour vaincre sa persistance,
Eh bien! s'il le faut, montrez-vous!
Soyez un homme et montrez-vous!

REPRISE, ENSEMBLE.

JULES.

Allons, baron, etc.

COQUARDEAU.

J'aurai d'abord de l'éloquence;
Je veux être ou ne peut plus doux;
Mais, pour vaincre sa persistance,
Je saurai me mettre en courroux;
Pour vous, j'irai jusqu'au courroux.

HORTENSE.

Il espérait ici, je pense,
Recevoir un accueil plus doux;
Cet espoir est presque une offense;
Puis, le baron est très-jaloux,
Quoi qu'il en dise, il est jaloux.

(*Jules sort par la porte du fond à gauche, reconduit par Coquardeau. On les voit traverser derrière la glace de gauche à droite.*)

1 Jul. Coq. Hor.
2 Coq. Jul. Hor,

SCÈNE VII.

COQUARDEAU, HORTENSE, ROBINSON.

HORTENSE, *à part.* Quel mari, mon Dieu!.. un jeune homme que j'ai la prudence d'éviter depuis un mois, c'est lui qui me le ramène! (*Elle va à la cheminée.*)

COQUARDEAU, *rentrant par la porte du fond, à droite, à lui-même.* Montrez-vous!.. montrez-vous!.. Eh bien! oui, au fait, je me montrerai! (*Se jetant sur la causeuse.*) Sacrebleu!

HORTENSE. Qu'y a-t-il?

COQUARDEAU. Il y a que je suis furieux!

HORTENSE (1). Et pourquoi?

COQUARDEAU. Parbleu! la question est bonne. Recevoir ainsi les personnes que je vous présente, ça n'a pas de nom!

HORTENSE. Que voulez-vous, ce jeune homme me déplaît.

COQUARDEAU. Vous êtes difficile! je ne vois pas ce qu'il a de si déplaisant, moi... je vous déclare, Madame, que j'ai pour lui beaucoup, mais beaucoup d'amitié!.. et que je le recevrai souvent, très-souvent!.. parce que je le veux!.. parce que je suis le maître chez moi, que diable!.. parce que... parce que ça me fait plaisir, sacrebleu! (*A part.*) Si ce n'est pas là se montrer, j'y renonce!

HORTENSE, *humblement.* C'est bien, Monsieur, vous êtes le maître.

COQUARDEAU, *se levant et allant à la cheminée.* Mon Dieu, chère amie, vous comprendrez facilement mon dépit d'une pareille réception, quand vous saurez que j'ai amené ce jeune homme ici pour le distraire.

HORTENSE. Comment?

COQUARDEAU, *en confidence.* Nous avons des peines de cœur.

HORTENSE. Quoi! M. Mathieu est malheureux en amour? Un si charmant garçon! (*Elle redescend.*)

COQUARDEAU. Eh bien! oui, il n'est pas heureux; et j'ai juré de lui faire oublier la perfide Amanda et l'infidèle Marie.

HORTENSE. Amanda?.. Marie?

COQUARDEAU, *quittant la cheminée.* Oui, Amanda, une actrice de talent... que tous les directeurs se disputent, et qu'ils n'engagent jamais... et Marie. une charmante grisette qu'il allait épouser...

HORTENSE. Il voulait épouser mademoiselle Marie?..

COQUARDEAU. Oui; et quinze jours avant, il voulait épouser mademoiselle Amanda... mais il s'est aperçu que l'actrice l'avait sacrifié à M. Bélassis! et que la grisette le trompait pour M. Narcisse Marchand.

1 Hor. Coq.

HORTENSE, *surprise*. Narcisse Marchand!

COQUARDEAU. Tu sais bien, ce brave garçon qui me donne, de temps en temps, pour ton cousin des finances, des..... Eh! mais, j'y songe!... Ah! elle est bien bonne, celle-là! Figure-toi que j'ai dans ma poche, depuis trois jours, une pétition qu'il m'a remise pour toi... (*Il la lui donne.*)

HORTENSE. Ah!.. et vous dites que M. Narcisse?..

COQUARDEAU. Est un Lovelace, un don Juan, ma chère!

HORTENSE, *avec complaisance*. Vraiment?

COQUARDEAU. J'espère, maintenant, que tu feras bonne mine à ce pauvre Jules... il est si malheureux!

HORTENSE. Baron?.. les gens trompés ne m'inspiront aucun intérêt... je les trouve ridicules, voilà tout.

COQUARDEAU. Oh! comme tu es dure!

HORTENSE. Nullement... puisque ce monsieur n'a pas su conserver l'amour d'une... grisette, c'est un sot en trois lettres; et je ne le plains pas.

COQUARDEAU, *avec humeur*. Il serait plaisant que vous vous rangeassiez du côté du vainqueur.

HORTENSE. M. Narcisse?.. Au moins celui-là n'est pas ridicule.. (*A part.*) Que peut-il m'écrire?..

COQUARDEAU. Tu dis?

HORTENSE. Baron, voyez donc si nos invités seront au complet; il y a des lettres pour vous, là, dans le boudoir. (*Elle désigne la gauche.*)

COQUARDEAU. Dans le boudoir... j'y vais... (*A part, en passant, à gauche* (1). Mon moyen m'a joliment réussi. (*Il entre à gauche.*)

HORTENSE, *riant et décachetant la lettre*. Voyons vite ce que don Juan nous écrit... (*Lisant.*) « Madame, monsieur Jules Mathien doit se « présenter chez vous sous le patronage de votre « mari... Je vous le signale comme un homme « dangereux... » (*Parlé.*) Il se moque de lui!.. (*Regardant à gauche.*) Mon mari! (*Elle cache la lettre.*)

COQUARDEAU, *rentrant* (2). Ah çà, chère amie, j'ai regardé partout; il n'y a pas de lettres.

HORTENSE. C'est juste... elles sont là, dans ma chambre à coucher. (*Elle désigne la droite.*)

COQUARDEAU. Tu crois?

HORTENSE. J'en suis sûre... Voyez-y donc?

COQUARDEAU. Refuretons. (*Il entre à droite.*)

HORTENSE, *reprenant sa lecture*. « Quant à ce « portrait que je croyais confié à l'homme et non « à l'artiste, il ne me quittera qu'avec la vie. » L'hypocrite, après ce qu'il a fait.

1 Coq. Hor.
2 Coq. Hor.

COQUARDEAU, *rentrant* (1). Mais où diable a-t-on fourré mes lettres, sacrebleu?

HORTENSE. Comment! elles ne sont pas sur la console?

COQUARDEAU. Pas sur la console.

HORTENSE. Ah! étourdie que je suis!... elles sont là, sur le piano... Attendez, je vais sonner. (*Elle va sonner avec le timbre qui est sur le guéridon.*)

COQUARDEAU, *prenant les lettres*. Quelle plaisanterie! quand j'ai couru tout l'appartement, vous sonnez pour me faire donner ce que j'ai sous la main. (*Il va près de la cheminée et parcout les lettres.*)

ROBINSON, *entrant par la porte du fond, à gauche* (2). Madame a sonné.

COQUARDEAU. Oui, mon garçon, pour te dire qu'on n'a pas besoin de toi.

ROBINSON. Ah!

HORTENSE. Robinson, il y a deux personnes de plus à dîner. (*Elle passe à droite.*)

ROBINSON, *à part* (3). Tout Paris, alors. (*Il remonte.*)

COQUARDEAU, *redescendant*. Ah! merci de vous être rappelé cela de vous-même, chère amie? (*Il lui baise la main.*)

ROBINSON, *annonçant du fond à gauche*. Monsieur Jules Mathien!.. (*Il sort après l'entrée de Jules.*)

HORTENSE, *avec dédain*. Ah! ce jeune homme qui est si intéressant! (*Elle rit, se met au piano et fait quelques accords.*)

SCÈNE VIII.

LES MÊMES, JULES, *entrant par la porte du fond à gauche.*

JULES, *bas, à Coquardeau* (4). Eh bien?

COQUARDEAU. Peuh!..

JULES, *saluant Hortense*. Madame...

HORTENSE, *continuant de jouer; d'un ton railleur*. Je vous salue, Monsieur, je vous salue.

JULES, *à part*. Quel air moqueur!.. (*Bas, au baron.*) Qu'y a-t-il donc?

COQUARDEAU, *bas*. Ma foi, mon cher ami, il y a que ma femme ne peut pas vous souffrir.

JULES, *bas*. En vérité?

COQUARDEAU, *bas*. Je lui ai raconté vos infortunes, et...

JULES, *bas*. Maladroit!

COQUARDEAU, *bas*. Il paraît. Je croyais vous rendre intéressant, moi!

JULES, *bas*. C'est un mauvais moyen, baron...

1 Hor. Coq.
2 Hor. Rob. Coq.
3 Rob. Coq. Hor.
4 Coq. J. Hor.

(*A part, en passant à gauche* (1). Je vais arranger ça... (*Bas, au baron.*) Serrez-moi les mains. (*Hortense se retourne.*)

COQUARDEAU, *bas*. Plaît-il?

JULES, *bas*. Serrez-moi les mains, vous dis-je?..

COQUARDEAU, *lui donnant une forte poignée de main*. Voilà. (*A part.*) Qu'est-ce qu'il a donc?

JULES, *bas, à Coquardeau*. Félicitez-moi!

COQUARDEAU, *étonné, bas*. Hein? que je vous... mais...

JULES, *bas*. Allez donc!

COQUARDEAU, *haut*. Mon ami... je vous félicite de tout mon cœur... de ce qui vous arrive. (*Bas.*) Vous me direz quoi. (*Hortense se lève.*)

JULES, *bas*. Oui... (*Haut.*) Merci, cher baron, merci de l'intérêt...

COQUARDEAU. C'est bien naturel!.. c'est bien naturel!.. car... enfin... (*A part.*) Ah çà! mais c'est très-embarrassant!

HORTENSE, *s'approchant un album à la main.* Serais-je indiscrète, Monsieur, en vous demandant...

JULES, *à part en passant près d'Hortense* (2). Allons donc! (*Haut.*) Mon Dieu, Madame, je parlais à monsieur le baron d'une rencontre que je viens de faire.

COQUARDEAU, *étonné*. D'une?.. (*Sur un signe de Jules.*) une rencontre inespérée.

JULES. Oh! tout à fait!.. Une jeune fille charmante que je croyais parjure, et...

HORTENSE, *s'approchant tout à fait*. Mademoiselle Marie, peut-être?..

JULES. Précisément! mademoiselle Marie... qui m'a prouvé qu'elle était victime d'une imposture.

HORTENSE. Ah! et cela vous a rendu bien heureux sans doute?

JULES. En effet, Madame.

HORTENSE. Alors, Monsieur, permettez-moi de vous féliciter à mon tour.

COQUARDEAU (3). Et moi, de vous reféliciter. (*Il remonte. Jules passe à gauche.*)

HORTENSE, *s'asseyant sur la causeuse*. Elle est jolie, cette jeune fille?

COQUARDEAU. Oh! charmante!..

JULES. La grâce d'une grisette et la distinction d'une grande dame.

HORTENSE. En vérité?

JULES. Mon Dieu! Madame, vous allez me trouver bien malappris... mais... elle m'attend... et je venais vous prier de... me permettre...

COQUARDEAU. Comment donc! Comment donc!

JULES, *bas*. Retenez-moi...

COQUARDEAU *ahuri*. Ah! (*Haut.*) Comment donc! mais je ne le souffrirai pas... (*A part.*) Je n'y suis pas du tout.

1 J. Coq. Hor.
2 Coq. J. Hor.
3 J. Coq. Hor.

JULES, *bas*. Ferme!...

COQUARDEAU. Madame la baronne ne vous le pardonnerait pas.

JULES. Oh! vous vous engagez beaucoup, monsieur le baron; n'est-il pas vrai, Madame? (*Il passe près d'elle.*)

HORTENSE, *gracieuse* (1). En effet; car il ne faut pas être égoïste; il faut savoir aimer ses amis pour eux-mêmes.

COQUARDEAU. Il est vrai que...

JULES, *bas*. Allez donc, baron.

COQUARDEAU, *bas*. Ah! encore. (*Haut.*) Vous direz ce que vous voudrez... je ferme la porte... (*A part.*) Du diable si j'y comprends un mot.

JULES. Votre amitié ferme la porte; mais l'indulgence de Madame me donne la clé des champs, je crois...

HORTENSE, *se levant*. Vous êtes libre de partir, Monsieur; mais nous serons heureux si vous restez. (*Elle va poser son album sur le piano.*)

JULES. Si c'est votre désir, Madame, c'est un ordre. (*Il pose son chapeau.*)

COQUARDEAU, *qui cherchait*. Ah! (*Bas, à Jules.*) Farceur!... je crois que j'y suis!

JULES, *bas*. Vous m'aviez rendu ridicule, baron, et il fallait bien...

COQUARDEAU, *bas*. C'est évident!

JULES, *bas*. Comme ça, je ne le suis plus!... (*A part.*) C'est lui!

COQUARDEAU. Oui! oui! (*A part.*) Est-il roué! (*Ils se serrent la main et remontent.*)

HORTENSE, *à part, passant à gauche*. Et ce Narcisse qui se vantait... Ah! c'est indigne! (*Musique à l'orchestre.*)

SCÈNE IX.

LES MÊMES, ROBINSON, M. DE CROUY, NARCISSE, POMARD, LE COMTE ONNESAIKI, *puis* ADÈLE, *puis* ALBERT, *puis* BÉLASSIS, *puis* M. ET MADAME PRUDHOMME; *invités des deux sexes.*

ROBINSON, *annonçant de la porte du fond, à droite*. M. de Crouy! (*Chaque personnage annoncé salue le baron et la baronne. A part.*) En voilà un qui est laid! (*M. de Crouy passe à droite. Haut.*) M. Narcisse Marchand!

COQUARDEAU, *serrant la main de Narcisse*. Ah! mon jeune Colbert!

ROBINSON, *à part*. En voilà un qui dort! M. Pomard! (*A part.*) En voilà un qui mange!.. (*Haut.*) M. le comte Onnesaiki! (*A part.*) En v'là un nom! (*Celui-ci, après avoir salué, passe à gauche. Après lui, entrent quelques autres invités hommes et femmes. La baronne a fait à Narcisse un salut très-froid.*)

POMARD (2). Mon cher baron, je quitte pour

1 Coq. J. Hor.
2 Hor. Ju. N. [illegible] Coq.

vous, au beau milieu, un déjeuner... (*Adèle entre au salon par la gauche, et fait une grande révérence.*)

COQUARDEAU. Ma fille!.. Messieurs. (*Il va à elle présente. On la salue. Elle va s'asseoir sur la causeuse.*)

ROBINSON. M. Morin! (*Il pousse un grand soupir.*)

ADÈLE, *à part.* C'est lui! (*Elle se lève.*)

HORTENSE, *à part, surprise.* M. Albert!

COQUARDEAU (1). Eh! c'est ce cher Arthur! (*Il remonte et s'arrête étonné à la vue d'Albert, qui vient d'entrer.*) Pardon, Monsieur, mais je n'ai pas l'honneur...

ALBERT. Mon Dieu! Monsieur, quelque méprise sans doute; mais voici ce que j'ai reçu tout à l'heure...

COQUARDEAU. Monsieur A. Morin. Et Monsieur se nomme?

ALBERT. Albert Morin.

JULES, *venant entre eux* (2). Un de nos bons amis, monsieur le baron!

COQUARDEAU. Ah! c'est très-bizarre. (*Jules repasse près de Narcisse.*)

HORTENSE, *à part* (3). Il y a quelque chose là-dessous.

ADÈLE, *s'avançant.* Daignez m'excuser, Monsieur, je suis la seule coupable; car c'est moi qui ai écrit l'adresse, et... j'ignorais qu'il y eût dans le même hôtel deux personnes du même nom.

HORTENSE, *à part.* Je comprends.

ALBERT, *saluant, comme pour se retirer.* Mesdames, Messieurs... (*Adèle est allée se rasseoir sur la causeuse.*)

COQUARDEAU. Eh bien! que faites-vous donc?

ALBERT (4). Mais... je me retire...

COQUARDEAU. Allons donc! les amis de nos amis sont nos amis.

ALBERT. Monsieur le baron! (*Il salue.*)

COQUARDEAU. Robinson, un couvert de plus!

ROBINSON, *annonçant.* M. Anatole Bélassis. (*Bélassis entre et salue. Le baron le salue à peine, les autres lui tournent le dos.*)

HORTENSE, *prenant Coquardeau à part* (5). Baron, voulez-vous donner votre fille à un homme qui n'a ni position ni fortune?

COQUARDEAU. Non, certes...

HORTENSE. Alors, vous devez congédier ce jeune homme, car Adèle veut l'épouser.

COQUARDEAU. Quel jeune homme?

1 Hor. Ju. Narc. Coq. Al. P. Ad.
2 Hor. Nar. Coq. Jul. Al. Po. Ad., les autres au fond.
3 Hor. Nar. Jul. Coq. Al. Ad. Po., les autres au fond.
4 Hor. Narc. Jul. Coq. Alb. Po. Ad. les autres au fond.
5. Hor. Coq. Jul. Po. Narc. Bel. Al. Ad., *les* autres au fond.

HORTENSE. Celui qui vient d'entrer.

ROBINSON, *annonçant.* M. et madame Prudhomme!

HORTENSE, *quittant le baron.* Ah! cette bonne Juliette! comme vous venez tard, chère amie. (*Elle l'embrasse et la fait asseoir près du guéridon, de l'autre côté duquel elle s'assied.*)

COQUARDEAU, *à lui-même* (1). Celui qui vient d'entrer? Mais c'est Bélassis! ce n'est pas possible! nous allons bien voir. Adèle?

ADÈLE. Mon père?

COQUARDEAU. Je sais tout.

ADÈLE. Quoi donc, mon père?

COQUARDEAU. Je sais que vous avez donné clandestinement votre cœur..

ADÈLE. Mon père.

COQUARDEAU. Et j'exige que vous me disiez à l'instant le nom...

ADÈLE. Vous ne le savez donc pas?

COQUARDEAU. Je sais tout, vous dis-je! Vous aimez M. Bélassis!

ADÈLE. M. Bélassis!

COQUARDEAU. Eh bien?

ADÈLE, *baissant les yeux.* Puisque vous le savez, mon père.

COQUARDEAU. A la bonne heure! Cet aveu me désarme; mais vous n'êtes pas difficile. (*Bélassis est près de la baronne et cause avec elle.*)

ADÈLE. Croyez bien...

COQUARDEAU. Assez. (*A part.*) Ah! mon gaillard. (*Haut.*) Monsieur Bélassis?

BÉLASSIS (2). Monsieur le baron.

COQUARDEAU, *bas.* Vous n'êtes pas honteux?

BÉLASSIS. Moi, monsieur le baron?

COQUARDEAU, *bas.* Une Ducaucase, je ne dis pas; mais une Coquardeau!..

BÉLASSIS. Plaît-il?

COQUARDEAU, *bas.* Pas de bruit, pas d'éclat.

BÉLASSIS. Mais...

COQUARDEAU, *bas.* Vous ne voyez donc pas que je sais tout.

BÉLASSIS. Comment?

COQUARDEAU, *bas.* Pas d'éclat, pas de bruit... prenez votre talma, filez, et n'y revenez plus...(*Il remonte et passe à gauche.*)

BÉLASSIS, *à part* (3). Je comprends! je suis aimé de sa femme.

COQUARDEAU, *se retournant.* Eh bien?

BÉLASSIS. J'obéis. (*En passant, il fait un salut triomphant à Hortense qui le regarde avec étonnement; il sort radieux par la porte du fond à droite.*)

HORTENSE, *bas, au baron* (4). Eh bien, Monsieur?

1 Mad. Pr. H. Coq. Ad. Al., les autres au fond.
2 Mme Pr. Hor. Bel. Coq. Ad. Al., les autres au fond.
3 Pr. Hor. Coq. Bél. Ad. Al, les autres au fond.
4 Mad. Pr. Hor. Coq. Ad. Al., les autres au fond.

COQUARDEAU, *bas.* C'est fait, il est parti.

HORTENSE, *bas.* Parti?.. mais vous êtes fou... tenez: le voilà, près de votre fille.

COQUARDEAU, *bas.* Comment, ce n'est pas M. Bélassis?

HORTENSE. *bas.* Mais non!

COQUARDEAU, *bas.* Eh! que diable! on s'explique; du reste il n'y a rien de perdu, et je vais...

SCÈNE X.

LES MÊMES, AMANDA.

AMANDA, *à Robinson au fond.* Vous ne voulez pas m'annoncer, Monsieur? eh bien, je vais m'annoncer soi-même.

TOUS. Amanda!

AMANDA, *elle s'avance au milieu du salon, d'une voix sonore* (1). Amanda Ducaucase, élève pensionnée du Conservatoire national de musique et de déclamation. (*Mouvement général, Hortense s'est levée.*)

COQUARDEAU, *à Amanda.* Pourrais-je savoir?

AMANDA. Monsieur le baron, je viens à l'occasion de mon bénéfice.

COQUARDEAU. Mais, Mademoiselle...

AMANDA, *bas.* De la part d'Élisa Bouvry.

COQUARDEAU. Hum!.. comment donc? mais certainement.

AMANDA, *bas.* Recommandez-moi à la baronne.

COQUARDEAU. A ma femme?

AMANDA, *bas.* Je le veux.

COQUARDEAU, *à part.* Que le diable l'emporte! (*Haut.*) Ma chère amie, je te présente mademoiselle Ducaucase, une jeune artiste, que je te recommande chaudement.

HORTENSE. En vérité, Monsieur, je ne comprends pas que...

COQUARDEAU, *bas.* Elle a une tante sourde, aveugle, et âgée de cent un ans. (*Il remonte près de Jules et de Pomard.*)

AMANDA. Du reste, j'ose croire que madame la baronne aura de l'agrément; je joue...

NARCISSE, *s'approchant* (2). C'est convenu; Andromaque, la tour de...

AMANDA. Pardon, Monsieur, le spectacle est changé... je joue la Fille d'honneur.

NARCISSE. Ce sera drôle.

AMANDA. Tous mes amis y seront.

NARCISSE. Ce sera plein.

AMANDA. Dites donc, vous?..

HORTENSE. Oh!.. assez, Madame!

AMANDA, *à part.* Ce ton!..

HORTENSE. Donnez-moi ce qui vous reste, je m'en charge. (*Amanda lui donne des billets, qu'elle froisse et jette sur le guéridon.*)

AMANDA, *inquiète.* Eh bien?..

HORTENSE, *avec hauteur.* Oh! rassurez-vous... on les paiera!..

AMANDA, *à part.* Malhonnête!

ROBINSON, *entrant.* Madame, la soupe est sur la table.

HORTENSE, *à Robinson, désignant Amanda.* Éclairez à Madame. (*Elle remonte.*)

AMANDA, *à part* (1). Oh! cet air pincé!..

HORTENSE, *bas, à Narcisse, qui essaie de lui parler.* Tout à l'heure, ici!

AMANDA, *qui a entendu, à part.* Ah! bah!

HORTENSE, *à Jules.* Votre bras, monsieur Jules. (*Elle entre avec lui dans la salle à manger, suivie des autres convives; musique à l'orchestre. Amanda reste seule, les portes du fond se ferment et on baisse un store derrière la glace de la cheminée; de sorte que l'on ne peut plus voir l'intérieur de la salle à manger.*)

SCÈNE XI.

AMANDA, *puis* UN VALET, *puis* JULES, NARCISSE, HORTENSE, MADAME PRUDHOMME.

AMANDA. Ah! baronne de mon cœur! tu fais des manières avec la nièce de Sémiramis Ducaucase, et tu crois que ça se passera comme ça!.. fichtre non... et d'abord, tu fais la coquette avec Jules, et tu donnes des rendez-vous à d'autres! Ça ne peut pas m'aller. A nous deux, baronne. (*Elle tire un cordon de sonnette qui est à la cheminée, un valet entre par la porte du fond, à gauche* (2). Dites à M. Jules Mathieu qu'un monsieur très-vieux et très-décoré demande à lui parler. Vous hésitez? tenez, voici pour vous; un parterre... de face, allez!.. (*Le domestique sort.*) Voilà!.. quand on veut se faire obéir, il ne faut pas lésiner.

JULES, *paraissant, il entre par la porte du fond à gauche* (3). Un monsieur décoré?

AMANDA. C'est moi...

JULES. Amanda!

AMANDA. Oui, Amanda, qui vous aime encore assez, de bonne amitié, pour ne pas souffrir qu'on vous fasse tourner.

JULES. Je ne vous comprends pas; mais d'abord, de qui parlez-vous?

AMANDA. De la baronne, pardi.

JULES. Qu'osez-vous dire? la baronne! une femme, si... une femme que...

AMANDA. Oui, une femme si... une femme que... une femme qui vous prend le bras, à droite, et qui donne des rendez-vous à gauche.

JULES. Mais...

HORTENSE, *en dehors.* C'est bien!.. c'est bien!..

1 Md. Pr. Hor. Coq. Am. Ad. Al., les autres deuxième plan.

2 Mad. Pr. Hor. Am. Nar. Ad. Alb., les autres au deuxième plan.

1 Mad. Pr. Am. Jul. Hor. Nar. Ad. Alb., les autres au deuxième plan.

2 Le val. Am.

3 Jul. Am.

AMANDA, *faisant passer Jules à sa gauche* (1). Pchitt! la v'là, suivez-moi, et vous allez voir. (*Elle entraîne Jules derrière la portière de gauche.*)

NARCISSE, *paraissant par la porte du fond, à droite.* Ne vous dérangez pas... un léger malaise... moins que rien. (*Musique à l'orchestre.*)

AMANDA, *bas, à Jules.* En v'là déjà un. (*Hortense entre par la même porte, un verre d'eau sucrée à la main.*) Et voilà l'autre!.. chut!.. (*Elle laisse retomber la portière qui les masque entièrement.*)

NARCISSE, *à Hortense qui pose son verre d'eau sur le guéridon* (2). Vous avez à me parler, (*Fin de la musique.*)

HORTENSE. Oui, monsieur; le baron sait que vous avez mon portrait.

NARCISSE. Comment?

HORTENSE. S'il est venu chez M. Jules il y a trois jours, c'était pour m'attendre au passage...

NARCISSE. Se peut-il?

HORTENSE. S'il vous a invité à ce dîner, c'est pour faire fouiller votre chambre en votre absence... Ah!.. je suis perdue.

NARCISSE. Vous êtes sauvée, au contraire! je l'ai sur moi.

HORTENSE, *à part, avec joie.* C'est ce que je voulais savoir. (*Haut.*) Ce n'est pas tout... le baron est jaloux comme un tigre.

NARCISSE. Qu'importe?

HORTENSE. Et vous ne pourrez sortir de l'hôtel qu'après avoir passé par les mains de quatre grands laquais apostés sous le vestibule.

NARCISSE. Quatre grands laquais!

HORTENSE. On trouvera ce portrait sur vous... Vous voyez bien que je suis perdue.

NARCISSE. Moi! vous perdre!.. prenez ce médaillon, Madame, prenez-le. (*Il le lui donne; à part.*) Quatre grands laquais! c'est quatre de trop... (*Il va s'asseoir sur la causeuse.*)

HORTENSE, *à part.* Enfin! je le tiens!.. (*Musique à l'orchestre.*)

MAD. PRUDHOMME, *entrant par la porte du fond à droite; à part.*) Toujours ensemble!..

HORTENSE, *l'apercevant; à part.* Juliette!.. (*Elle va chercher le verre d'eau sur le guéridon.*)

MAD. PRUDHOMME, *à part.* Ça dure bien longtemps!..

HOTENSE, *revenant près de Narcisse.* Buvez encore un peu, je vous assure que ça vous fera du bien.

NARCISSE. Mais je n'ai pas soif.

HORTENSE, *bas.* Buvez donc!

MAD. PRUDHOMME, *descendant à droite.* Eh bien?

HORTENSE. Ah! vous étiez inquiète?..

1 Am. Jul.
2 Hor. Nar.
3 Hor. Nar. Mad. Mad. Pru.

MAD. PRUDHOMME. Oui, très-inquiète! Monsieur va-t-il mieux? oh! comme il est pâle!.. mais il va se trouver mal!.. attendez! j'ai sur moi un vinaigre d'une vertu sans pareille. (*Elle prend son mouchoir et frotte les tempes de Narcisse qui regimbe.*)

NARCISSE. Mais, Madame...

MAD. PRUDHOMME. Ne bougez donc pas...

NARCISSE. Mais ça me brûle...

MAD. PRUDHOMME. C'est ce qu'il faut. (*Elle continue à le frotter, malgré lui.*)

HORTENSE. Buvez donc, Monsieur, vous ne buvez pas! (*Elle le fait boire de force.*) Oh!.. Vous êtes encore bien pâle.

NARCISSE, *à part.* Parbleu! elles m'ont rendu malade.

HORTENSE. Voulez-vous un second verre d'eau sucrée.

NARCISSE, *se levant.* Non, je me sens beaucoup mieux. (*Il passe à gauche, Hortense pose le verre sur le piano.*)

MAD. PRUDHOMME, *allant près de Narcisse* (1). Alors, je veux vous rendre à ces messieurs: prenez mon bras... là... Oh! appuyez-vous, n'ayez pas peur! (*Elle affecte de le soutenir.*)

NARCISSE, *à part.* Oh! j'ai mal au cœur, à présent! (*Il rentre avec madame Prudhomme dans la salle à manger par la porte du fond, à gauche.*)

HORTENSE, *seule.* Maintenant, je suis sauvée! (*Elle se dirige vers la porte du fond, à droite, quand Robinson, qui entre, l'arrête au passage.*)

SCÈNE XII.

HORTENSE, ROBINSON, AMANDA ET JULES, *cachés.*

HORTENSE (2). Que me voulez-vous? (*Robinson sans parler, l'amène mystérieusement sur le devant de la scène, et lui remet le mouchoir qu'il a montré au lever du rideau.*)

HORTENSE. Qu'est cela?

ROBINSON. Votre mouchoir, Madame, que j'ai rencontré dans l'escalier de l'hôtel de Flandres...

HORTENSE, *à part.* Maladroite!

ROBINSON. Et que je vous rends, le cœur navré. (*Il remonte un peu vers la gauche.*)

HORTENSE, *à part, apercevant le mouchoir oublié par M. Prudhomme, sur la causeuse.*) Ah! (*Elle prend lestement le mouchoir et le remplace par le sien. Haut.*) Que voulez-vous dire, monsieur Robinson?

ROBINSON, *revenant à elle.* Oh! je sais bien que le fond est bon et que la tête seule est un peu légère...

1 Nar. Mme Pru. Hor.
2 Rob. Hor.

HORTENSE. Insolent!

ROBINSON. Plaît-il?

HORTENSE. Mais apprenez donc vos lettres, mon garçon! (*Elle lui rend le mouchoir et passe à gauche en remontant.*)

ROBINSON, *regardant les initiales* (1). J. P. Ah! bah!

HORTENSE. Je vous donne deux heures pour quitter l'hôtel. (*Elle sort par la porte du fond, à gauche, calme et imposante. — Fin de la musique.*)

ROBINSON, *contemplant le mouchoir avec abrutissement.* Il y a J. P.! et moi qui avais lu H. C.! C'est bien drôle! (*Flairant le mouchoir.*) Ah! mon Dieu!.. ce mouchoir sent le vinaigre! ce n'est pas le même!.. l'autre n'était pas... assaisonné!.. elle l'a escamoté! et elle a l'audace de me chasser. (*D'un air lugubre.*) Ah! c'est à mourir de rire. (*Il sort par la droite, l'œil morne et et la tête baissée; Jules et Amanda sortent de leur cachette.*)

AMANDA (2). Eh bien! vous ai-je volé votre argent?

JULES, *très-agité.* Merci, Amanda, merci.

AMANDA, *déclamant:* Baronne de Coquardeau!

« C'est ainsi qu'en partant, je te fais mes adieux! »

(*Elle sort par la droite.*)

SCÈNE XIII.

JULES, *puis* TOUS LES CONVIVES.

JULES, *seul.* Oh! c'est monstrueux!.. Une femme que j'allais tant aimer!.. Oh! je la hais maintenant!.. ça lui apprendra!.. (*Musique à l'orchestre jusqu'au baisser du rideau. Hortense, Coquardeau et tous les invités, excepté Pomard, rentrent en scène; ils forment différents groupes.*)

NARCISSE, *bas, à Hortense, à laquelle il donne le bras* (3). J'espère, Madame, qu'après le sacrifice que je vous ai fait...

HORTENSE, *très-calme.* Quel sacrifice?

NARCISSE. Mais ce portrait que...

HORTENSE. Un portrait?.. Je ne sais ce que vous voulez dire, Monsieur... (*Elle lui tourne le dos. A Jules.*) Ah! vous voici, Monsieur, l'on s'inquiétait de votre absence.

JULES. Je n'étais pas loin, Madame, j'étais là! (*Il désigne la portière de gauche, et lui tourne les talons.*)

HORTENSE, *à part.* Que dit-il? (*Elle s'assied sur la causeuse.*)

COQUARDEAU, *à part* (4). Revenons à nos moutons. (*Haut.*) Adèle!

1 Hor. Rob.
2 Jul. Am.
3 Mme Pru. Coq. Al. Ad. Nar. Hor. Jul., les autres au fond.
4 Mme Pru. Al. Ad. Coq. Hor., Nar. Jul. et les autres au deuxième plan.

ADÈLE, *venant à lui.* Mon père!

COQUARDEAU. J'ai à vous gronder, Mademoiselle, vous m'avez trompé tout à l'heure.

ADÈLE. Moi, mon père?..

COQUARDEAU. Oui, Mademoiselle, vous m'avez laissé croire...

ADÈLE. Dame! mon père, il me semble que quand il s'agit du bonheur de toute la vie...

COQUARDEAU. Ainsi, vous aimez M. Albert?

ADÈLE. Oui, mon père; et j'irai au couvent plutôt que d'en épouser un autre...

COQUARDEAU. Oh! oh! après tout, il est gentil, ce jeune homme...

ADÈLE, *vite.* N'est-ce pas?

COQUARDEAU. Qu'est-ce qu'il fait?

ADÈLE. Il est employé aux finances.

COQUARDEAU. Et il gagne?

ADÈLE. Dix-huit cents francs; mais il est jeune, et il avancera.

COQUARDEAU. C'est possible, mais en attendant...

ADÈLE. Ne m'avez-vous pas dit que j'aurais cent mille francs de dot?

COQUARDEAU. Sans doute... mais...

ADÈLE. De plus, il est protégé par le ministre.

COQUARDEAU. Tiens! le cousin de ma femme! Eh! mais, on pourra peut-être s'entendre.

UN VALET, *bas, à Coquardeau, dont il s'approche mystérieusement.* Monsieur le baron... (*Il lui remet une lettre et sort.*)

ALBERT, *bas, à Adèle, qui est venue le rejoindre.* Eh bien, Mademoiselle?

ADÈLE, *de même.* Ça va très-bien.

COQUARDEAU, *seul, sur le devant de la scène.* Ah! c'est d'Élisa: lisons! « Monsieur le baron, « j'ai à vous parler au sujet de l'affaire en ques« tion... » Quelle affaire?... ah! j'y suis, son réengagement. « Si vous n'êtes pas chez moi dans « dix minutes, je saurai le cas que je dois faire « de vos protestations. » On y sera, ma belle, on y sera.

ALBERT, *bas, à Adèle.* Il a fini.

ADÈLE, *à Coquardeau, en se rapprochant de lui.* Vous disiez donc, mon père?..

COQUARDEAU. Quoi?

ADÈLE. Au sujet de M. Albert.

COQUARDEAU. Ah!.. oui!.. Eh bien! plus tard.., nous verrons, je n'ai pas le temps.

ADÈLE. Mais, mon père.

COQUARDEAU. Assez!! (*Il va prendre son chapeau et son paletot, qui sont sur le piano. Adèle désolée, retourne auprès d'Albert.*)

HORTENSE, *à part* (1). Je ne puis laisser croire à ce jeune homme... oh! il faut à tout prix que je lui explique... (*Se levant, bas, à Jules.*) Il faut que je vous parle, sans témoin. (*Elle passe à la droite de Jules.*)

1 Mad. Pru. Al. Ad. Ju. Hor. Coq., les autres au fond.

COQUARDEAU, *qui a entendu, à part.* Plaît-il?

HORTENSE, *bas* (1). Il le faut. (*Elle remonte près des invités.*)

COQUARDEAU, *à part.* Qu'est-ce que c'est? elle, qui, tantôt ne pouvait pas le souff... et mainte... Oh! je ne les perds pas de vue, fichtre!.. et moi qui suis forcé d'aller chez Élis... sacr... Ah! c'est une inspiration du ciel.. (*A Jules, qui après un moment d'hésitation, se décide à suivre la baronne.*) Monsieur Jules... (*Hortense est au deuxième plan, près d'un groupe.*)

JULES (2). Monsieur le baron!

COQUARDEAU, *bas.* Dites donc... il fait bien chaud ici...

JULES. Mais... non!

COQUARDEAU, *bas.* Si... si... vous devez avoir trop chaud... allons prendre l'air... je vous emmène avec moi.

JULES, *bas.* Où donc?

COQUARDEAU, *bas.* Chez Élisa Bouvry!..

1 Mad. Pru. Al. Ad. Hor. Jul. Coq. les autres au fond.

2 Mad. Pru. Al. Ad. Hor. Ju. Coq. Nar. les autres au fond.

JULES, *bas.* Chez Élisa?

COQUARDEAU, *bas.* Bouvry. Prenez votre chapeau, comme pour vous faire un maintien, et suivez-moi. (*Il remonte.*) Eh bien!

JULES. Soit! (*A part.*) Ma foi, au diable les grandes dames! et vivent les actrices! (*Il va prendre son chapeau sur le piano.*)

COQUARDEAU, *à part, avec fatuité* (1). Et voilà comment on concilie ses plaisirs et son repos... gamin, va! (*Il se donne une petite tape.* — *Grande rumeur dans la salle à manger.*)

TOUS. Qu'est-ce donc?

ROBINSON, *entrant par la porte du fond, à gauche* (2). C'est M. Pomard, qui vient d'avaler un noyau avec sa pêche!.. (*Chacun se précipite vers la salle à manger. Jules et Coquardeau s'esquivent par la droite, à la faveur du tumulte.*)

1 Mad. Pru. Al. Ad. Coq. Ju. Nar. les autres au fond.

2 Mad. Pru. Al. Ad. Hor. Rob. Coq. Ju. Nar. les autres au fond.

FIN DU DEUXIÈME ACTE.

ACTE TROISIÈME.

LES ACTRICES.

Chez Élisa Bouvry, une serre d'hiver garnie d'arbres et de fleurs exotiques. Dans les angles du fond, à droite et à gauche, deux fenêtres à travers lesquelles on aperçoit le jardin couvert de neige. Devant chacune de ces fenêtres une console. Sur celle de gauche une statuette de bacchante; sur celle de droite une pendule et deux vases du Japon. Au milieu un divan circulaire, entourant un guéridon élevé sur lequel sont un bol de punch et des verres. A droite et à gauche une causeuse; à côté de celle de gauche, un guéridon sur lequel il y a une sonnette, un livre, un ouvrage de tapisserie et tout ce qu'il faut pour écrire. Tous les siéges, ainsi que la table du milieu et le guéridon, sont recouverts en toile perse. Portes latérales. Dans le fond, de la serre une large porte ouvrant sur une salle d'attente. Dans cette salle, juste de face au public, une banquette.

SCÈNE PREMIÈRE.

ÉLISA, NARCISSE, POMARD, AMANDA, MADAME DUCAUCASE, PALMYRE, DEUX INVITÉES; puis GUITARE.

(*Au lever du rideau, Élisa est étendue sur la causeuse, à droite; Narcisse est appuyé sur le dossier. Pomard, debout sur le divan, derrière la table du milieu, madame Ducaucase, debout, et Palmyre, assise sur le divan, avalent à tout bout de champ des verres de punch. Amanda repasse un rôle dans le coin à gauche, assise sur la causeuse.*)

PALMYRE, *buvant* (1). Vivent les premières représentations!

POMARD, *de même.* Vivent les soupers qui les suivent!

MADAME DUCAUCASE, *même jeu.* Et vivent les punchs qui suivent les soupers!.. J'aime le punch, moi!..

1 Am. Mad. Duc. Pal. Pom. Nar. Éli.

POMARD, *rebuvant.* A la mère Ducaucase! (*Madame Ducaucase fait une révérence, et passe près d'Amanda.*)

NARCISSE, *buvant.* A la reine du théâtre! à la charmante Élisa!

POMARD. A propos de théâtre, avez-vous renouvelé avec les Variétés?

ÉLISA. Pas encore! ça dépend du baron, et il y met des conditions impossibles.

POMARD. Alors, c'est une affaire manquée!

ÉLISA. Ça sera fait ce soir.

POMARD. A douze mille francs?

ÉLISA (1). A douze mille!

POMARD. Comment ferez-vous?

ÉLISA. J'ai mon plan. Et toi, Amanda, espères-tu entrer chez nous?

MAD. DUCAUCASE. Ah ben oui!.. le directeur lui demande cent francs par mois et des feux... si ce n'est pas humiliant!

1 Am. Mad. Duc. Pal. Pom. Guit. Nar. Éli.

PALMYRE, *qui s'est levée, regardant vers la porte du fond.*) Tiens, v'là Guitare!

ÉLISA. Il est bientôt temps. (*Guitare entre par le fond, l'air consterné, son mouchoir à la main.*) Oh! ces yeux! qu'est-ce que tu as donc?

GUITARE, *d'une voix lamentable* Oh!. Ernest!.. Ernest!... (*Elle s'assied sur le divan du milieu, à côté de Palmyre, qui s'est rassise.*)

ÉLISA (1). Eh bien! après?

GUITARE. Il me quitte, ma chère!.. Oh! mon Dieu! mon Dieu! ne plus le voir... jamais!.. mais est-ce que ça va m'être possible, à moi?

ÉLISA. Heureusement que ton Amédée te reste!

GUITARE. C'est vrai!.. (*Elle avale un verre de punch que lui présente Palmyre, et pousse ensuite un profond soupir.*) Dis donc, Lisa, le jeune homme que M. le baron de Coquardeau t'a présenté l'autre jour.

ÉLISA. Eh bien?

GUITARE. Est-ce que tu ne m'as pas dit qu'il se nomme Ernest?

ÉLISA. Non, il se nomme Jules.

GUITARE. Ah!.. Est-ce qu'il est bien?

ÉLISA. Mais oui... Pourtant il en est un autre...

NARCISSE. Un autre?

ÉLISA, *riant.* Oh! ne vous enlevez pas..... ce n'est pas vous!

NARCISSE. Oh!

ÉLISA. Je parle de ce petit jeune homme qui a soupé cette nuit avec nous.

NARCISSE. Le petit Albert!..

ÉLISA. Précisément!

NARCISSE. Est-ce qu'il vous a fait la cour?

ÉLISA, *se levant.* Comme un petit homme!.. Il me semble même qu'il m'a demandé un rendez-vous pour cette nuit, au bal de l'Opéra.

AMANDA. Et tu iras?

ÉLISA. Est-ce que je sais, moi!... C'est égal, il est gentil, cet enfant!... il a un petit air sentimental qui lui va très-bien. (*Elle passe à gauche* (2). Cependant M. Jules a quelque chose d'impertinent qui... A propos, j'ai acheté un singe, voulez-vous le voir?

TOUS. Voyons le singe!

ÉLISA. Eh bien!.. (*Chantant.*) suivez-moi!

TOUS, *chantant.* Suivons-la! (*Elle s'éloigne par la gauche, suivie de tous les autres. Musique à l'orchestre.*)

SCÈNE II.

ROBINSON, ASPASIE.

(*Robinson et Aspasie entrent par la droite sur la sortie. Tous deux portent des bustes en plâtre.*)

ROBINSON (3). Mademoiselle, posez ça là, je vous prie. (*Il désigne le divan du milieu. Aspasie obéit.*) Là! (*Il enlève la statuette de la bacchante de dessus la console de gauche et la remplace par le buste de Platon.*)

ASPASIE. Ah çà! me diras-tu?

ROBINSON. Chut! (*Il passe à droite* (1). Maintenant, veuillez me passer Socrate.

ASPASIE. Socrate? qué qu' c'est que ça?

ROBINSON, *la regardant avec pitié.* Ça!..

Air de *Voltaire chez Ninon.*

C'est le modèle des... Romains,
Si ma mémoire est bien fidèle,
C'est un des plus grands écrivains!

ASPASIE.

Ah! c'est égal, pour un modèle,
Il n'est pas beau!

ROBINSON.

C'est sa laideur
Qui, je le crois, y contribue.

ASPASIE.

Mais de quoi donc est-il l'auteur?

ROBINSON.

Il est l'auteur de la Ciguë!

ASPASIE. C'est donc Madame qui t'a dit d'acheter tout ça?

ROBINSON, *prenant Socrate dans ses mains.* Non, Mademoiselle, j'ai pris ça sur moi.

ASPASIE. En v'là une idée! à quoi ça peut-il servir?

ROBINSON. Ça sert... mes vues! car enfin, pourquoi suis-je entré ici?

ASPASIE. Est-ce que je sais? Vous êtes entré ici, parce que vous n'êtes pas entré ailleurs, comme moi.

ROBINSON. Du tout, du tout!... j'y suis venu pour convertir Mademoiselle.

ASPASIE, *riant.* Ah! bah?

ROBINSON. Ce n'est pas commode. je le sais!.. elle se perd... la malheureuse; elle se perd comme dans un bois! (*Il remonte vers la console à droite.*) Mais en ne lui mettant sous les yeux que de bons exemples.... (*Il a ôté la pendule de dessus la console, et met à la place le buste de Socrate.*)

ASPASIE. Qu'est-ce qu'il me chante là? il est fou pour le moins... Comment! tu vas mettre ça là? et quand Mademoiselle voudra voir quelle heure il est?

ROBINSON, *désignant le buste; avec conviction.* Quand mademoiselle voudra voir quelle heure il est, elle se trouvera face à face avec cette autre pendule qui lui dira : il est l'heure du repentir!

ASPASIE, *riant, et chantant.* Des lampions! des lampions!

2 Am. Pal. Mad. Duc. Nar. Éli.
1 Am. Mad. Duc. Éli. Pal. Guit Pom. Nar.
3 Rob. Asp.

1 As. Rob.
2 As. Bel.

ROBINSON, *à part.* Cette fille est un affreux coquin! (*Il sort par la droite, en emportant le plateau du punch.*)

SCÈNE III.

ASPASIE, BÉLASSIS, *puis* TOUS. *Au moment où Robinson disparaît, Bélassis entr'ouvre la porte de la salle du fond.*

BÉLASSIS, *venant à moitié du théâtre* (1). Madame est-elle visible?

ASPASIE. Ah! c'est vous! elle est sortie!

BÉLASSIS. Encore!

ASPASIE. Toujours! (*Rires dans la coulisse de gauche.*)

BÉLASSIS. Mais, c'est sa voix!

ASPASIE. Eh bien, après?

BÉLASSIS. Donc, elle y est?

ASPASIE. Eh bien, oui, elle y est; mais elle n'y est pas! Est-ce clair?

BÉLASSIS. Pas de chance! la maison Ducaucase, la maison Coquardeau, la maison Bouvry! pas de chance! (*Il sort par le fond, Aspasie rit de son air piteux, et sort derrière lui. Rentrée générale par la gauche.*)

ÉLISA (2). N'est-ce pas qu'il est superbe, mon singe?

GUITARE. Moi, je trouve qu'il ressemble au baron...

PALMYRE. Moi, je dis qu'il ressemble à mon portier.

POMARD. Et moi, je soutiens qu'il a un faux air de Bélassis.

ÉLISA, *riant.* Eh bien, c'est agréable... pour mon singe. (*Elle sonne et s'assied près du guéridon.*)

ROBINSON, *entrant par le fond, un plateau à la main* (3). Madame a sonné?

ÉLISA. Mes lettres! (*Amanda s'est assise sur la causeuse de droite avec sa tante.*)

ROBINSON, *présentant le plateau.* Les lettres de Madame.

ÉLISA, *les prenant.* Allez voir si j'ai un bulletin de répétition.

ROBINSON. Oui, Madame.

ÉLISA. Vous m'enverrez aussi ma couturière. (*Aux autres.*) Dites donc, croiriez-vous que dans la pièce d'hier on a trouvé ma jupe trop longue?

POMARD. Ah! bah?

ÉLISA. Oui, mon bon; et l'orchestre a adressé des plaintes à l'administration.

ROBINSON, *à part en sortant par le fond.* Trop longue!... Oh! ces stalles des Variétés!..

1 As. Bél.
2 Nar. Éli. Gui. Po. Pal. mad. Duc. Am.
3 Éli. Rob. Gui. Nar. Pal. Pom. Mad. Duc. Am.

SCÈNE IV.

LES MÊMES, *moins* ROBINSON.

AMANDA, *à Elisa* (1). Tu ne lis pas tes lettres!

ÉLISA. Tiens, c'est vrai! (*Elle en prend une au hasard et la décachète.*)

POMARD, *à part, tirant sa montre.* Onze heures et demie; je vais déjeuner, moi. (*Il disparaît tout doucement par la droite.*)

ÉLISA (2). Ah! la bonne déclaration!.. Ecoutez seulement le post-scriptum: « Si vous voulez me « connaître, je passerai jeudi sous vos fenêtres « avec ma pension. » (*On rit*).

AMANDA. Il est bon le collégien: en as-tu d'autres? (*Elle se lève.*)

ÉLISA, *leur montrant le plat d'argent.* Cherchez. (*Narcisse et Palmyre sont assis sur le divan du milieu.*)

TOUTES. Voyons (3)! (*Elles se partagent les lettres et les lisent entre elles à voix basse.*)

ÉLISA. Oh! en voilà un qui m'offre de le suivre en Californie...

AMANDA. A pied?... (*On rit.*)

GUITARE, *une lettre à la main.* Tiens! en voilà un qui s'appelle Ernest.

ÉLISA, *riant.* Eh bien, je te le donne! (*Apercevant Robinson qui revient par le fond* (4). Ah! voilà mon bulletin. (*Elle le lui prend, se levant.*) Allons bon! la répétition était pour onze heures; et il est midi... bah! je n'irai pas, ce n'est plus la peine. (*Guitare est allée s'asseoir sur la causeuse de droite.*)

AMANDA. C'est le directeur qui va faire un nez!

ÉLISA, *à Robinson.* Eh bien! qu'est-ce que vous faites là, vous?

ROBINSON. J'attends les ordres de Madame.

ÉLISA. Je vous ai déjà dit de venir les prendre à dix heures.

ROBINSON. Madame, dans les bonnes maisons, c'est à midi seulement: je faisais comme ça chez M. Coquardeau, je ferai comme ça, chez Madame. (*Amanda et madame Ducaucase ont remonté la scène vers la gauche, Amanda a l'air de répéter son rôle, et madame Ducaucase tient la brochure.*)

ÉLISA, *qui n'écoutait pas, passant à droite.* Le dîner pour quatre heures, entendez-vous, je joue en premier.

ROBINSON (4). Vous jouez en premier! ça ne me regarde pas, moi; dans les bonnes maisons on dîne à six heures. (*Il remonte vers la droite.*)

NARCISSE, *riant.* Il est fort comme un Turc!..

1 Éli. Gui. Nar. Pal. Pom. Mad. Duc. Am.
2 Éli. Gui. Nar. Pal. Mad. Duc. Am.
3 Éli. Gui. Nar. Pal. Am. Mad. Duc.
4 Élis. Rob. Nar. Pal. Am. Mad. Duc. Gui.
5 Am. Mad. Duc. Nar. Pal. Rob. Éli. Gui.

ÉLISA, *regardant la console de droite.* Eh bien!.. où est donc ma pendule? (*Amanda est venue s'asseoir sur la causeuse de gauche, madame Ducaucase debout à côté d'elle, la fait répéter.*)

ROBINSON (1). Elle est bien où elle est; soyez tranquille.

ÉLISA, *montrant le buste.* Et qui est-ce qui a mis ce monsieur-là sur la console?

ROBINSON. C'est moi, Madame.

ÉLISA. Socrate?

ROBINSON. Oui, Madame; regardez-le souvent, bien souvent. (*Il sort par le fond.*)

NARCISSE, *riant* (2). Décidément, ce n'est pas un domestique, c'est un objet d'art.

ÉLISA. Ah! ne m'en parlez pas! il est idiot... Tiens! où est donc Cœlina?.. est-ce qu'elle est partie?

AMANDA, *qui s'est levée* (3). Cœlina?.. elle sommeille dans le boudoir depuis trois heures du matin.

MAD. DUCAUCASE. Et elle peut se vanter de bien faire les choses. Tantôt, je me suis assis dessus, sans prendre garde; elle n'a pas seulement remué.

ÉLISA. Et M. Coquardeau qui va venir... il faut la réveiller.

AMANDA. Pourquoi donc faire?

ÉLISA. Quand le baron est là, j'ai l'habitude de l'avoir près de moi. C'est un maintien.

ASPASIE, *entrant par le fond* (4). Madame, j'entends la voiture du baron.

ÉLISA, *montrant la droite.* C'est bien... Allez me réveiller Cœlina. (*Aspasie entre à droite.*) Quant à vous, mes enfants, je ne vous renvoie pas; mais comme il s'agit d'affaires, vous allez filer, pas vrai?

GUITARE, *se levant.* Les affaires avant tout!.. (*Palmyre se lève.*)

NARCISSE, *à part.* Moi, je vais dire à la baronne que Jules fait la cour à Élisa... (*Tous, excepté Élisa, sortent par la gauche après l'ensemble.*)

ENSEMBLE.

Air de *Roger Bontemps.*

ÉLISA.

Éloignez-vous un moment
Car il me faut maintenant
Tirer un engagement
De mon noble soupirant.
Et si, comme je le crois,
Il obéit à mes lois,
C'est moi qui vous le promets
Il en sera pour ses frais.

1 Am. Mad. Duc. Nar. Pal. Rob. Éli. Gui.
2 Nar. Mad. Duc. Am. Pal. Éli. Gui.
3 Nar. Mad. Duc. Am. Pal. As. Éli. Gui.
4 Éli. Cœli

PALMYRE, GUITARE, AMANDA, MADAME DUCAUCASE, NARCISSE.

Éloignons-nous un moment,
Car il lui faut à présent
Tirer un engagement
De son noble soupirant.
Mais si, comme je le crois,
Il obéit à ses lois,
Le pauvre baron jamais
Ne rattrapera ses frais.

CŒLINA, *arrivant à moitié endormie et s'asseyant sur le divan du milieu.* Eh bien! qu'est-ce que tu me veux?

ÉLISA, *lui mettant un livre dans la main.* Prends ça.

CŒLINA, *se levant.* Ça?.. tu sais bien que je ne sais pas lire.

ÉLISA. Ça ne fait rien... tu regarderas les images. (*Elle prend une tapisserie.*) A présent, monsieur le baron, quand vous voudrez. (*Elle s'assied sur le divan du milieu, et Cœlina sur la causeuse de droite.*)

ASPASIE, *annonçant de la droite.* Monsieur le baron de Coquardeau.

SCÈNE V.

ÉLISA, CŒLINA, COQUARDEAU.

COQUARDEAU, *d'un air aisé* (1). Eh! bonjour, chère belle! (*Il pose son chapeau sur la console de droite, et fait tomber un vase qui se brise.*)

ÉLISA, *riant.* Bon! vous en avez déjà pour cinq cents francs. (*Aspasie sort par le fond, après avoir ramassé les morceaux du vase.*)

COQUARDEAU, *à part.* Sacrebleu! j'ai manqué mon entrée... (*Il s'assied à côté d'Élisa, qui a déposé sa tapisserie sur le divan, et se relève aussitôt en poussant un cri.*) Ah! sacrebleu!

ÉLISA, *reprenant sa tapisserie.* Mais faites donc attention, vous vous asseyez sur ma broderie.

COQUARDEAU. Ah! j'ai dû casser votre aiguille!.. Eh! c'est mademoiselle Cœlina! (*Il s'approche de Cœlina.*)

CŒLINA, *sans se lever.* Monsieur le baron.

COQUARDEAU. Vous vous portez bien, Mademoiselle?

CŒLINA. Très-bien, monsieur le baron.

COQUARDEAU. Allons, tant mieux. (*Bas, à Élisa.*) Je voudrais vous parler, à vous seule.

ÉLISA. Me parler... de quoi?

COQUARDEAU, *sautillant.* Mais de mon amour...

ÉLISA. Eh bien, parlez!..

COQUARDEAU, *montrant Cœlina.* Mais cette petite...

ÉLISA, *se levant.* Désolée, monsieur le baron, mais je n'ai pas l'habitude de mettre à la porte les

1 Éli. Coq. Cœli.

personnes qui viennent me rendre visite, je les reçois de mon mieux au contraire.

COQUARDEAU, *piqué.* Ah? Eh bien, je vais vous y aider. (*Il retourne auprès de Cœlina. Élisa reprend sa tapisserie et s'assied près du guéridon. A Cœlina.*) Comme nous avons l'air triste aujourd'hui!

CŒLINA. Dame... quand on a si peu de chance que moi...

COQUARDEAU. Pas possible? jeune et jolie comme vous êtes... (*A part.*) Si je me servais de cette petite pour rendre Élisa plus traitable? c'est une idée... (*Il s'assied près de Cœlina. Haut.*) Pas possible! car vous êtes charmante, savez-vous? N'est-ce pas, Élisa, qu'elle est charmante?..

ÉLISA. Ah! je crois bien!

COQUARDEAU, *à part.* Elle ne veut pas avoir l'air. (*Il continue à parler bas à Cœlina. Élisa continue à broder. Haut, à Cœlina.*) Cet œil éveillé... ce... (*Il lui baise la main, tout en regardant du coin de l'œil si Elisa le remarque; celle-ci est tout à son ouvrage.*)

CŒLINA, *à part.* Tiens! tiens! tiens!..

COQUARDEAU, *à part, regardant Élisa.* Ça ne prend pas!.. (*Il se lève.*)

CŒLINA, *à part, examinant Coquardeau.* Mais c'est qu'il est très comme il faut, ce monsieur!..

COQUARDEAU, *venant près d'Élisa, en sautillant.* Hum! hum! vous brodez à ravir!..

ÉLISA. Et vous?..

COQUARDEAU, *bas.* Je voudrais vous toucher deux mots au sujet du nouvel engagement que...

ÉLISA. Douze mille francs, un bénéfice, et trois mois de congé, je ne sors pas de là.

COQUARDEAU. C'est beaucoup. Pourtant si vous me permettiez d'espérer...

ÉLISA, *se levant.* Des conditions? Allons, je vois qu'il faudra que j'aie recours à mes amis.

COQUARDEAU, *piqué.* Mais vous dites cela comme si je n'étais pas du nombre?

ÉLISA. C'est bien possible. (*Elle remonte à gauche.*)

COQUARDEAU, *la suivant.* Oh! oh! mais j'ai la fatuité de croire que je ne serais pas longtemps à trouver des âmes plus charitables? (*Revenant près de Cœlina.*) Qu'en dites-vous, Mademoiselle?

CŒLINA, *se levant.* Dame! c'est probable.

Air : *Un homme pour faire un tableau.*

COQUARDEAU.

Grâce au ciel, je suis encor vert,
J'ai l'œil vif! la bouche vermeille.

CŒLINA.

Ce que j'aime en vous, c'est votre air
Si distingué.

ÉLISA, *à part, descendant.*

C'est à merveille.

COQUARDEAU.

Vous trouvez?

CŒLINA.

Hélas!

ÉLISA, *à part.*

Un soupir!
De la flamme dans sa prunelle?..
Grand Dieu! qu'allons-nous devenir?
La Bérésina qui dégèle!

Ah! mademoiselle Cœlina! attends un peu! (*Elle sonne, Aspasie entre par le fond.*)

ÉLISA, *à Aspasie* (1). La voiture est en bas?

ASPASIE. Oui, Madame.

ÉLISA. C'est bien; donnez à mademoiselle Cœlina son châle et son chapeau. (*Aspasie va prendre au fond à droite, le châle et le chapeau de Cœlina.*)

CŒLINA. Plaît-il?

LE BARON. Que signifie?..

ÉLISA. Vous me croyez donc bien bête? (*Elle passe près de Cœlina.*)

LE BARON (2), *à part.* Je crois que j'ai été trop loin.

ASPASIE, *qui a mis à Cœlina interdite son châle et son chapeau.* C'est fait!

CŒLINA. Mais, Élisa, je t'assure...

ÉLISA, *l'interrompant en lui montrant la porte d'un geste d'impératrice.* Aspasie, vous recommanderez Madame au concierge.

ASPASIE. Bien, Madame.

ENSEMBLE.

Air de M. J. Nargeot.

ELISA, *à Cœlina.*

Allez donc, ma chère,
Dormir sur vos succès,
Surtout n'allez plus faire
De semblables excès!

CŒLINA ET ASPASIE.

Dieu, quelle colère!
Qui l'eût pensé jamais?
Une amie aussi chère,
La chasser sans regrets.

LE BARON.

Dieu! quelle colère!
Mais bientôt mes regrets,
Dans son cœur, je l'espère,
Sauront trouver accès!

ASPASIE, *bousculant Cœlina.* Allons! allons! (*Elles sortent par le fond.*)

SCÈNE VI.

LES MÊMES, *moins* CŒLINA ET ASPASIE, GUITARE, PALMYRE, *puis*, AMANDA, ET MADAME DUCAUCASE.

ÉLISA, *ouvrant la porte de gauche.* Guitare,

1 Éli. As. Coq. Cœl.
2 Coq. Éli. Cœl. As.

Palmyre, vous pouvez entrer, vous savez (1). (*Coquardeau est allé s'asseoir sur la causeuse de droite.*)

GUITARE ET PALMYRE, *rentrant par la gauche, et faisant au baron de grandes révérences* (2). Monsieur le baron.

ÉLISA. Oh ! assez, hein ! (*Guitare et Palmyre se mettent à jouer aux cartes, à gauche, sur la causeuse, Amanda entre en scène par la gauche suivie de sa tante qui pleure, en tenant la brochure.*)

ÉLISA (3). Qu'est-ce que vous avez donc, madame Ducaucase ! (*Elle s'assied sur le divan du milieu.*)

MAD. DUCAUCASE, *s'anglottant.* C'est Manda qui a été si nature dans son cintième aque du Cidre, que j'y ai été prise moi-même !

AMANDA. Tu me comprends, toi !

MAD. DUCAUCASE. Oh ! n'oui, va ! (*Elle passe près d'Amanda.*)

COQUARDEAU, *à part* (4). Décidément, j'ai été trop loin !.. (*Haut, et se levant.*) Élisa !.. Élisa !.. (*Amanda s'assied sur la causeuse de droite, avec sa tante et continue à répéter tout bas.*)

ÉLISA. Tiens, vous êtes encore là ! je vous croyais à Cœlina Street !

COQUARDEAU. Voyons, ma belle, vous ne me garderez pas rancune pour un enfantillage ! Si nous recausions un peu de cet engagement, hein ?

ÉLISA, *impatientée, se levant.* Laissez-moi donc tranquille avec votre engagement ! je m'en moque pas mal ! (*Elle lui tourne les talons et sort par la gauche.*)

COQUARDEAU, *à part.* Sapristi ! (*Après un moment d'hésitation, il la suit à pas de loup.*)

SCÈNE VII.

LES MÊMES, *moins* ÉLISA ET COQUARDEAU, *puis* JULES.

AMANDA, *se levant et déclamant* (5). « Quel « plaisir de venger moi-même mon injure ! De re- « tirer mon bras... » (*S'arrêtant à la vue de Jules qui vient d'entrer par le fond.*) Bonjour, mon bon ! (*Elle lui donne une poignée de mains.*)

MAD. DUCAUCASE, *se levant et cherchant dans la brochure.* Mais, je ne vois pas ça dans la pièce, moi !

AMANDA. C'est un point d'orgue, ma tante.

MAD. DUCAUCASE. Un point d'orge ?..

GUITARE, *bas, à Palmyre, en désignant Jules.* Qu'est-ce que c'est donc que ce monsieur ?

PALMYRE, *bas.* Je n'en sais rien !

GUITARE, *bas.* Si nous l'esbrouffions un peu !

1 Éli. Coq.
2 Pal. Gui. Élis. Coq.
3 Pal. Gui. Mad. Du. Éli. Am. Coq.
4 Pal. Gui. Éli. Coq. Mad. Duc. Am.
5 Pal. Gui. Jul. Am. Mad. Duc.

PALMYRE, *de même.* Esbrouffons ! (*Haut.*) Que devient donc le marquis de Saint-Jacques ?

GUITARE. Ma chère, il m'a envoyé hier pour cent mille francs de diamants ! je n'ai pas besoin de te dire que je les ai refusés !

JULES, *à part.* Ah ! bah ? (*Haut et d'un air naïf.*) Cent mille francs de diamants ?

GUITARE. Oui, môssieur ? et toi, Palmyre, que fais-tu du comte de Barcelône ?

PALMYRE. Ah ! ne m'en parle pas, ma chère !

GUITARE. Quoi donc ?

PALMYRE. Il s'a battu pour moi avec le duc de Trébisonde, qui me l'a tué !

GUITARE. Ah ! c'est affreux !

JULES. Comment ! il vous l'a tué !.. oh !

GUITARE, *bas, à Palmyre.* Dis donc... il gobe très-bien, ce monsieur !

JULES, *venant entre elles* (1). Eh bien !.. mais nous voulons donc faire poser papa !.. vous savez, Mesdames, qu'il y a bien longtemps, qu'on ne me la fait plus celle-là !... serviteur !... (*Elles se lèvent ébahies et remontent ; à part.*) Ah ! çà, est-ce que le baron m'a fait venir pour voir ces fleurs et ces... je n'avais qu'à aller au Jardin des Plantes. (*Il passe du côté d'Amanda, qui s'est rassise sur la causeuse.*)

SCÈNE VIII.

LES MÊMES, ÉLISA, COQUARDEAU.

ÉLISA, *rentrant en scène, par la gauche, suivie de Coquardeau* (2). Mais laissez-moi donc tranquille ! (*Apercevant Jules.*) Tiens, monsieur Jules ! comment, vous étiez là, et l'on ne m'a pas prévenue !

JULES. J'aurais craint...

ÉLISA. C'est très-mal, Monsieur ! (*Pendant ce temps, le baron frappe du pied avec colère ; Guitare et Palmyre se sont mis réciproquement leurs châles et leurs chapeaux.*)

ÉLISA, *à Palmyre et à Guitare.* Vous partez ?

PALMYRE. Oui, ma bonne.

JULES (3). Mademoiselle va sans doute à Barcelone, et Madame à Saint-Jacques-de-Compostelle.

GUITARE. C'est bon, mauvais plaisant. Adieu, Lisa. (*A Jules.*) Adieu, Monsieur... qui ne pose pas. (*Elle sort avec Palmyre par la droite.*)

MADAME DUCAUCASE, *à sa nièce.* Moi, je vais chez Babin, pour les costumes ! (*A part.*) En passant je prendrai une prune au Lingot-d'Or. (*Haut, et faisant la révérence à Élisa.*) Médéme !.. (*Elle sort par la droite.*)

1 Pal. Jul. Gui. Am. Mad. Duc.
2 Coq. Éli. Pal. et Gui., au deuxième plan. Jul. Mad. Duc. Am.
3. Coq. Éis. Pal. Jul. Gui. mad. Duc. Am.

SCÈNE IX.

COQUARDEAU, JULES, ÉLISA, AMANDA, *puis* ASPASIE.

AMANDA (1). Je ne vois pas Cœlina. Où dort-elle donc?

ÉLISA. Je ne sais pas si elle dort; mais, ce qu'il y a de certain, c'est que je l'ai envoyée coucher.

AMANDA. Ah bah!

ÉLISA. Et désormais tu la remplaceras.

AMANDA, *se levant.* Ça me va! (*Elle passe près d'Élisa.*)

COQUARDEAU, *bas, désignant Jules et Amanda* (2). Est-ce que vous allez les garder bien longtemps?

ÉLISA. Je vous garde bien, vous.

COQUARDEAU, *piqué.* Si... je vous gêne... dites-le.

ÉLISA. Est-ce qu'on dit jamais ces choses-là? (*Coquardeau va s'asseoir sur la causeuse de gauche.*)

AMANDA, *bas, à Élisa.* Comme tu es dure avec le baron.

ÉLISA, *de même.* C'est exprès. En le mettant dans une fausse position, on en fait tout ce qu'on veut.

AMANDA, *bas.* On n'a donc pas encore joué la scène de l'engagement.

ÉLISA. Non, elle n'était pas sue. (*Elles rient.*)

COQUARDEAU, *à part.* Je suis sûr qu'on parle de moi.

AMANDA, *bas.* Et quand ça passe-t-il?

ÉLISA. Bientôt... je n'attends plus qu'Aspasie; elle a un rôle. (*Aspasie entre par la gauche.*) Ah! la voilà; maintenant je suis sûre de gagner. (*Jules s'est assis sur la causeuse de droite.*)

AMANDA (3). Comment?

ASPASIE, *à Élisa.* Pour Madame. (*Elle lui donne une carte de visite.*)

ÉLISA, *désignant la carte de visite qu'Aspasie lui remet.* Avec cette carte-là. (*Lisant la carte, et feignant la surprise.*) Se peut-il?

JULES. Le dey d'Alger?

ÉLISA. Le général Oursikoff.

AMANDA. Les Cosaques reviennent! (*Elle remonte.*)

ÉLISA, *à Aspasie.* Où est le général?

ASPASIE. Dans le salon, Madame.

ÉLISA, *à Jules.* Vous permettez, Monsieur? (*Jules se lève.*)

COQUARDEAU, *à Élisa.* Mais...

ÉLISA. Je ne vous parle pas, je parle à Monsieur. (*Elle sort avec Aspasie par la gauche.*)

JULES, *regardant le baron qui suit Élisa des yeux, avec anxiété; à part.* Ce pauvre baron! Il a l'air d'être sur le gril!.. (*Le baron embarrassé se retourne en sautillant du côté de Jules.*) C'est bien ça... Voilà qu'il se retourne! (*Amanda s'est assise sur la causeuse de gauche. Haut, au baron* (1).) Qu'avez-vous donc, baron? vous paraissez contrarié.

COQUARDEAU. Parbleu! ce général...

JULES. Eh bien! il vient faire sa cour à mademoiselle Bouvry, comme tout le monde!

COQUARDEAU. Si ce n'était que ça!

JULES. Qu'est-ce donc?

COQUARDEAU. Vous ne connaissez donc pas cet Oursikoff!

JULES. Nullement.

COQUARDEAU. C'est l'agent dramatique du czar.

JULES. Eh bien, après?

COQUARDEAU. Et il vient sans doute proposer à Élisa un engagement?..

ÉLISA, *rentrant par la gauche* (2). Vous l'avez dit, baron, trente mille roubles, quinze bénéfices et neuf mois de congé par an.

AMANDA, *à part.* Est-il Dieu possible!

COQUARDEAU. Et vous avez répondu?..

ÉLISA. Peuh!.. j'hésite encore!..

AMANDA, *se levant.* Dis donc, Lisa? tu ne pourras pas me faire engager?

ÉLISA. Dans les dragons?

AMANDA. Eh non! dans les travestis.

ÉLISA. J'en parlerai ce soir au général. (*Appuyant.*) Je dois le revoir au théâtre.

COQUARDEAU, *haletant.* Ah! vous devez?.. Élisa, je vous en supplie...

ÉLISA, Dame, monsieur le baron, trente mille roubles.

COQUARDEAU. Oui, mais un climat!..

ÉLISA. Quinze bénéfices...

COQUARDEAU. On assure que le feu y gèle.

ÉLISA. Neuf mois de congé...

COQUARDEAU. Eh bien! tenez, je vous promets de voir ce soir le directeur...

ÉLISA. Vous promettez, baron; mais le général m'offre de signer sur-le-champ.

COQUARDEAU. Ah! c'est comme ça!.. Eh bien, nous allons voir qui l'emportera ou du czar ou de Coquardeau. Je cours chez le directeur! (*Il sort rapidement par la droite.*)

SCÈNE X.

JULES, ÉLISA, AMANDA, *puis* MADAME DUCAUCASE ET COQUARDEAU.

ÉLISA, *éclatant de rire* (3). Allons donc, Coquardeau!.. et dire qu'ils sont trois mille comme ça dans Paris!

1. Coq. Éli. Jul. Am.
2. Coq. Éli. Am. Jul.
3. Coq. As. Élis. Am. Jul.

1. Am. Coq. Jul.
2. Am. Élis. Coq. Jul.
3. Am. Éli. Jul.

JULES, *riant.* Ce pauvre Coquardeau!

ÉLISA. Ah! bah! (*Avec noblesse.*) Ça lui apprendra à vouloir tromper sa femme.

JULES, *à part.* Elle est charmante.

AMANDA, *se levant.* Ah çà, j'espère bien que tu vas l'envoyer un peu promener avec son engagement?

ÉLISA. Plus souvent.

AMANDA. Mais ton traité avec le Nord?

ÉLISA. Comment, tu as donné là dedans, toi?

AMANDA. Dame...

JULES. Oh! elle a donné là dedans!.. (*A part.*) Et moi aussi!..

ÉLISA. C'était une frime!

AMANDA. Quoi! ce général étranger?

ÉLISA. Une carte du jour de l'an, ma bonne.

AMANDA. Oh! et m'avoir fait une émotion pareille!.. c'est pas gentil, Lisa.

ÉLISA. Allons, ne pleure pas; pour te consoler, je te donnerai mon manteau de fourrures. (*Elle s'assied sur le divan du milieu.*)

AMANDA, *allant s'asseoir sur la causeuse, à gauche.* C'est bien la peine; puisque je ne vais plus en Russie.

JULES, *avec éclat.* Ah! tenez, Élisa... décidément, vous êtes adorable!

ÉLISA. Et à propos de quoi?

JULES. Non... vrai... depuis que je vous connais, je vous observe, je vous étudie...

ÉLISA. En vérité?

JULES. Tout ce que vous faites, tout ce que vous dites, voyez-vous, c'est par trop fort!.. vous êtes une femme incroyable!.. une nature impossible!.. et moi, j'adore l'impossible!.. Aussi, écoutez, Élisa... je sens que je vous aime!

ÉLISA. Ah! bah?..

AMANDA. Comme dans Bajazet!

JULES. Pis que dans Bajazet..

AMANDA. Ne l'écoute donc pas!.. il aime tout le monde!

JULES. J'aime!.. (*Se rapprochant d'Élisa et baissant la voix.*) c'est-à-dire... que j'ai cru aimer... mais cette fois...

Air du *Piano de Berthe.*

Oui, sur mon honneur,
J'aime avec fureur!
Je mets à vos pieds ma vie et mon cœur!
Adieu pour jamais, trompeuses grisettes!...
Pour jamais adieu, baronnes coquettes!...
A vous dès ce jour,
Mon dernier amour!

(*S'asseyant près d'Élisa, et en changeant de ton.*)

J'attends la réponse...

ÉLISA. Eh bien!.. attendez!..

AMANDA, *poursuivant son idée.* Oh! la Russie!.. un pays où il pleut des couronnes!

ÉLISA, *se levant, ainsi que Jules.* Tu crois donc qu'il t'en serait tombé une sur la tête?

AMANDA, *se levant.* Pourquoi pas?..

ÉLISA. Tu es encore bonne dans ce rôle-là!..

AMANDA, *piquée.* Mais..... comme dans les autres!..

ÉLISA, *riant.* C'est ce que je voulais dire... (*Jules remonte.*)

AMANDA. Dis donc... tu pourrais être polie, si tu voulais... il ne faut pas tant faire la fière, parce que tu es aux Variétés, et que tu as des rôles!.. c'est pas le tout d'en avoir!.. il faudrait voir à les jouer un peu!..

ÉLISA. Ah! mais, dis donc, toi!..

JULES, *venant entre elles* (1). Mesdames!..

MAD. DUCAUCASE, *entrant par la droite, avec un parapluie* (2). Me v'là, moi!.. je viens chercher Manda!

ÉLISA. Ah!.. Vous auriez bien dû venir plus tôt!

MAD. DUCAUCASE, *fronçant le sourcil.* Hein? est-ce que ma nièce vous gêne?

AMANDA, *allant au fond, à gauche, prendre son châle et son chapeau.* Ne lui parle donc pas, ma tante, et viens-nous-en.

MAD. DUCAUCASE (3). Oui, ma nièce, d'autant que c'est encore un drôle de monde, ici! (*Amanda passe près de sa tante.*)

ÉLISA, *allant regarder à la fenêtre de gauche* (4). Tiens! il neige! Mesdames, ma voiture est à vos ordres.

AMANDA, *avec ironie.* Sa voiture!..

MAD. DUCAUCASE, *avec fierté.* Merci, Médème, j'ai notre parapluie; viens, Manda. (*Elles vont pour sortir par le fond, Coquardeau entre par la droite.*)

COQUARDEAU, *criant* (5). Victoire! victoire!..

MAD. DUCAUCASE, *à Coquardeau.* Ah! je vous plains ben, mon bon Monsieur. (*Elle ouvre son parapluie et sort avec sa nièce, par le fond.*)

COQUARDEAU, *étonné.* Plaît-il?

SCÈNE XI.

ÉLISA, COQUARDEAU, JULES, *puis* ASPASIE.

COQUARDEAU, *à Élisa* (6). Ma toute belle, je sors des Variétés!.. et ce soir vous recevrez votre engagement.

ÉLISA. Allons, vous êtes un brave homme.

COQUARDEAU, *saluant Jules.* Sans adieu, mon cher...

JULES, *s'asseyant sur la causeuse de gauche.* Vous partez?

1 Am. Jul. Élis.
2 Am. Jul. Élis. Madame Duc.
3 Jul. Am. Élis. Mad. Duc.
4 Jul. Élis. Mad. Duc. Am.
5 Jul. Élis. Mad. Duc. Am. Coq.
6 Jul. Élis. Coq.

COQUARDEAU. Moi !.. Ah ! non, par exemple ! (*Il s'assied sur la causeuse de droite.*)

JULES, *à part.* Au fait, c'est bien le moins qu'il se repose un peu. (*Il se lève ; bas, à Elisa.*) Irez-vous cette nuit à l'Opéra?

ÉLISA, *bas.* Vous le verrez bien.

JULES, *bas.* C'est juste. (*Haut et saluant.*) Madame... (*Il remonte et passe à droite.*)

COQUARDEAU, *à part.* Enfin !.. (*Aspasie entre par la gauche, et parle bas à Élisa.*)

JULES, *à Coquardeau* (1). Ainsi, baron, vous ne venez pas?

COQUARDEAU, *criant et se levant.* Non, Monsieur. (*À part.*) Qu'est-ce qu'il a donc après moi?

JULES, *riant.* À votre aise. (*Il salue et sort par la droite.*)

COQUARDEAU (2). C'est heureux !

ÉLISA, *bas, à Aspasie en regardant Coquardeau.* Vous êtes sûre?

ASPASIE, *bas.* Oui, Madame.

ÉLISA, *bas.* Attendez un moment.

COQUARDEAU, *venant s'asseoir sur le divan du milieu.* Maintenant, ma belle, j'ose espérer que...

ÉLISA, *gracieusement.* Baron, allez donc fumer deux cigares dans le salon !

COQUARDEAU, *bondissant.* Deux cig!.. Ah! pour le coup, c'est trop fort ! Non, Mademoiselle... (*Il se rassied.*) Je suis ici, j'y reste, et rien au monde....

ÉLISA, *tranquillement.* Ah ! comme vous voudrez !... Aspasie, annoncez la personne qui attend.

ASPASIE, *remontant et annonçant.* Mademoiselle Adèle de Coquardeau.

COQUARDEAU, *sautant.* Ma fille! Oh! saperlotte ! Qu'est-ce qu'elle vient faire ici! Oh!.. (*Il s'élance dehors par la porte du fond.*)

SCÈNE XII.

ÉLISA, ADÈLE, *entrant par la gauche. Elisa va au-devant d'Adèle, qui entre, suivie de sa femme de chambre. Celle-ci s'éloigne sur un signe d'Adèle. Aspasie la suit.*

ADÈLE, *saluant* (3). Madame...

ÉLISA, *de même.* Mademoiselle...

ADÈLE, *à part.* À nous deux, mademoiselle Bouvry !

ÉLISA. À quel heureux hasard dois-je l'honneur que vous me faites?

ADÈLE, *comme à elle-même.* Allons! du courage !

ÉLISA. Du courage, dites-vous?

ADÈLE, *d'une voix très-émue.* Ah! Madame! (*Elle met son mouchoir sur ses yeux.*)

1 As. Élis. Jul. Coq.
2 As. Élis. Coq.
3 Ad. Éli.

ÉLISA. Remettez-vous. (*Elle la fait asseoir sur le divan du milieu, et s'assied à côté d'elle.*)

ADÈLE. Ah! Madame, j'ai bien du chagrin.

ÉLISA. Du chagrin ?

ADÈLE. Madame, un jeune homme m'aimait, et je l'aimais aussi...

ÉLISA. Ah !

ADÈLE. Mais mon père lui a refusé ma main.

ÉLISA. Pauvre enfant !... Et alors?

ADÈLE. Alors il a voulu se consoler, et il s'est mis à aimer une autre femme.

ÉLISA. Oh ! c'est mal.

ADÈLE. J'ai appris tout cela par hasard, c'est M. Narcisse Marchand qui le disait tout à l'heure à ma belle-mère.

ÉLISA. M. Narcisse?

ADÈLE. Il venait pour une pétition.

ÉLISA. Ah ! très-bien ! (*À part.*) Je comprends... pauvre baron ! (*Haut.*) Et cette autre femme, vous la connaissez?

ADÈLE. Oui, Madame ; et je vois bien que je dois renoncer à mon amour.

ÉLISA. Cette femme est donc bien dangereuse?

ADÈLE, *se levant.* Oh ! oui, Madame, et ce n'est pas sa faute.

ÉLISA, *de même.* Comment?

ADÈLE.

Air : *En vérité, je vous le dis.*

Oui, depuis que je la connais,
De mon cœur a fui l'espérance :
D'Albert je comprends l'inconstance,
À sa place je l'aimerais.
Il ne l'oubliera de sa vie,
Car elle est trop belle.

ÉLISA.

Entre nous,
Et quand donc est-on trop jolie ?

ADÈLE.

C'est quand on l'est autant que vous.

ÉLISA. Quoi ! Est-ce que par hasard, cette femme?...

ADÈLE. C'est vous!

ÉLISA. Et vous dites que votre prétendu se nomme?

ADÈLE. Albert Morin.

ÉLISA. Ah ! bah ! mais il ne faut pas se désoler ; je le verrai, je...

ADÈLE. Mais, Madame, plus il vous verra, et plus il vous aimera. Vous êtes si belle ! car vous êtes belle, Madame, oh ! bien belle !

ÉLISA, *à part.* Est-ce qu'elle voudrait me faire poser?

ADÈLE. Et puis vous avez du talent, de la réputation ; chaque soir on vous admire, on vous applaudit ; et il est bien naturel qu'un jeune homme... mais ce jeune homme, qu'est-il pour vous, Madame? Un triomphe de plus, une preuve nouvelle d'un prestige cent fois prouvé : tandis que moi, je n'ai plus rien, si vous ne consentez à me rendre mon fiancé.

ÉLISA, *charmée, à part.* Je me trompais. (*Haut.*)

Voyons, mon enfant, calmez-vous, je le veux! Allons, essuyez ces larmes.

ADÈLE. Oh! ce n'est pas la peine, Madame, il va en venir d'autres.

ÉLISA, *souriant*. Elle est charmante! (*Avec dignité.*) Mademoiselle, vous avez bien fait de venir à moi; M. Albert sera votre mari, je vous le promets.

ADÈLE, *à part*. Allons donc! (*Haut.*) Quoi! vous pourriez?

ÉLISA. Je peux beaucoup, quand je veux; et je veux. Écoutez-moi bien : cette nuit, M. Albert sera au bal de l'Opéra.

ADÈLE. Ah!

ÉLISA. Il faut y venir.

ADÈLE. Moi, grand Dieu!

ÉLISA. Vous refusez?

ADÈLE. Sans doute.

ÉLISA. Quel mal voyez-vous à cela?

ADÈLE. Mais, Madame!

ÉLISA. Laissez donc! Ce qui est mal, c'est d'épouser un homme qu'on n'aime pas, qui ne vous aime guère, dont on fait le malheur, et qui vous le rend bien.

ADÈLE. Mais comment voulez-vous que...

ÉLISA. A minuit, ma femme de chambre vous portera un de mes dominos.

ADÈLE. Mais si mon père...

ÉLISA. Votre père ne sera pas à l'hôtel.

ADÈLE. Mais la baronne?

ÉLISA. Non plus; j'ai mon projet. Ainsi donc, cette nuit, à l'Opéra... Aspasie vous y conduira.

ADÈLE. Ah! Madame, croyez bien que je n'oublierai jamais.

ASPASIE, *entrant par le fond* (1). Madame Duhomme vous envoie une de ses ouvrières. (*On aperçoit Bélassis sur le canapé de la salle du fond. Il attend.*)

ÉLISA. Faites-la entrer. (*Aspasie sort par le fond. Musique à l'orchestre.*)

ADÈLE. Je vous laisse, Madame.

ÉLISA. A minuit!

ADÈLE. A minuit! (*A part.*) Je savais bien qu'elle me le rendrait! (*Adèle sort par la gauche.*)

SCÈNE XIII.

ÉLISA, *puis* MARIE.

ÉLISA. C'est drôle! ça fait du bien de faire plaisir aux autres! (*Elle prend sur la causeuse de gauche la jupe dont il a été question au commencement de l'acte. Marie entre par le fond, conduite par Aspasie, qui sort. Elisa lève les yeux.*) Voulez-vous approcher, Mademoiselle (2)? (*Marie vient près d'elle, au milieu, toutes deux ont les yeux sur la robe et ne se regardent pas.*) Voyez-vous, mon enfant, il s'agit de raccourcir cette jupe de trois doigts.

MARIE. Bien, Madame. (*Au son de voix de Marie, Élisa relève la tête et la regarde.*)

ÉLISA. Ah! bah!

MARIE. Plaît-il, Madame?

ÉLISA. Est-ce que vous ne vous nommez pas Marie Deschamps? (*Fin de la musique.*)

MARIE. Oui, Madame.

ÉLISA, *jetant la jupe sur le divan du milieu.* Eh bien! tu ne me reconnais pas?

MARIE, *la regardant.* Mais si : Victoire Michu.

ÉLISA, *lui mettant le doigt sur la bouche.* Non, Élisa Bouvry.

MARIE. Ah! oui, votre nom de théâtre.

ÉLISA. Veux-tu bien me tutoyer et m'embrasser. (*Elle l'embrasse.*)

MARIE. Est-ce drôle, ce hasard?

ÉLISA. Est-ce heureux! (*L'examinant.*) Oh? mais es-tu devenue belle fille, donc! (*Riant.*) Te souviens-tu, comme tu étais laide à douze ans, quand nous étions en apprentissage?

MARIE, *riant.* Oui, c'est vrai : qu'est-ce qui s'en douterait, hein?

ÉLISA. Que je suis donc contente de t'avoir retrouvée! je te donnerai des billets de spectacle. (*Elle lui prend le bras et remonte avec elle à gauche en faisant le tour du divan.*)

MARIE. D'en haut?

ÉLISA. A toi?.. allons donc, d'en bas!..

MARIE. Oh! quel bonheur!

ÉLISA. Ce pauvre Cloître Saint-Méry! Y a-t-il longtemps que je ne l'ai vu!

MARIE. Est-ce que tu le regrettes? (*Elles redescendent à droite du divan.*)

ÉLISA. Oui... non... je ne sais pas. Es-tu heureuse, toi? Qu'est-ce que tu fais de la vie?

MARIE. Je travaille, je chante et j'arrose mes fleurs.

Air de l'*Ame en peine.*

Chaque matin, quand le soleil se lève,
Quand ses rayons viennent me caresser,
Et dissiper les ombres d'un doux rêve
Dont le sommeil est venu me bercer,
Vite, aux petits oiseaux du voisinage,
Je jette un peu de pain... puis un adieu;
Et le bon Dieu
Donne en retour la force et le courage,
Folles chansons, belles fleurs et ciel bleu!
Oui, Dieu me donne et travail et courage,
Ses belles fleurs et son riant ciel bleu!

ÉLISA. Chère Marie! ça me fait du bien de t'entendre dire tout ça.

MARIE, *regardant tout autour d'elle.* Oh!... mais c'est joliment beau ici!..

ÉLISA. Oui... oui, c'est assez propre. (*Elle s'assied sur le divan du milieu.*)

1 Ad. Élis. As.
2 Élis. Mar.

MARIE. Mais parle-moi donc de toi!. (*Simplement.*) Et ta mère? (*Elle s'assied à côté d'elle.*)

ÉLISA, *s'arrêtant de rire tout à coup.* Ma mère? oh! il y a longtemps que je ne l'ai vue.

MARIE. Je suis bien contente que tu sois devenue riche, car elle était bien malheureuse, la pauvre femme!

ÉLISA, *se contenant.* Oui, n'est-ce pas?.. Quand donc l'as-tu vue, Marie?

MARIE. Il y a deux ans, au pays... Je l'ai rencontrée par hasard dans la forêt de Senlis, à une lieue de chez nous, tu sais?..

ÉLISA. Que faisait-elle là?

MARIE, *simplement.* Elle ramassait du bois.

ÉLISA, *suffoquée.* Ah!.. elle... elle ramassait... (*Elle sanglote.*)

MARIE. Qu'as-tu donc? puisqu'elle n'en ramasse plus.

ÉLISA. Tu crois que... eh bien si, Marie, elle en ramasse encore... ou bien alors, elle a froid l'hiver dans sa pauvre petite maison.

MARIE. Que dis-tu?..

ÉLISA. J'ai voulu la faire riche, heureuse... elle a toujours refusé... et de peur que ça ne vienne de moi, elle ne reçoit rien de personne.

MARIE. Ah bien! ma mère partage avec moi.

ÉLISA. Tâche qu'elle partage toujours, Marie. (*Elle l'embrasse.*) Tiens, tu n'as pas de boucles d'oreilles.

MARIE. Oh! si, j'en ai... au Mont-de-Piété.

ÉLISA. Pauvre fille!

MARIE. Et des belles, au moins! on prête six francs dessus. (*Riant.*) Elles ont été souvent là-bas.

ÉLISA. Vraiment?

MARIE, *gaiement.* Oh! elles connaissent le chemin, va; maintenant elles iraient toutes seules...

ÉLISA, *detachant ses boucles d'oreilles.* Attends!.. tiens, en voilà d'autres.

MARIE, *se levant.* Oh! mais c'est des diamants, ça...

ÉLISA. Non, c'est fait avec des bouchons de carafe.

MARIE. Ah! par exemple!.. Oh! que c'est beau!.. comme ça brille! ça me fait un tout drôle d'effet.

ÉLISA, *avec un mouvement, et se levant.* Ah!

MARIE. Je vas les mettre.

ÉLISA, *vivement, et reprenant les boucles d'oreilles.* Non, non, Marie, ne les mets pas, je t'en donnerai d'autres. (*Elle les jette sur le divan.*)

MARIE, *tristement.* Ah! c'est dommage. Il m'aurait peut-être trouvée jolie, comme ça?

ÉLISA. Qui donc?

MARIE. Lui, M. Jules!

ÉLISA, *subitement.* Comment! cette histoire de l'hôtel de Flandre; cette petite Marie... c'était donc toi?

MARIE. Oui, comment sais tu?

ÉLISA. Alors, Narcisse s'est donc vanté?..

MARIE. Oui, certes!... car je n'ai jamais aimé que M. Jules.

ÉLISA. Dis donc, Marie, est-ce que tu l'aimes encore?

MARIE. Oh! oui. (*Soupirant.*) Mais il ne m'aime plus, lui!

ÉLISA. S'il ne t'aime plus, il te r'aimera. Je te le rendrai, je les rends tous aujourd'hui, ça m'amuse, et puis... si ma mère était là, je crois que ça lui ferait plaisir...

MARIE. Mais je ne comprends pas...

ÉLISA. Ça ne fait rien. Reviens à huit heures, je t'expliquerai tout ça... mais, en ce moment, tu pourrais être vue par des personnes qui... enfin, à ce soir.

MARIE. A ce soir!

ENSEMBLE.

Air des *Deux cœurs* (Reber).

ÉLISA.

Adieu, chère enfant! espoir et courage!
Ton sort changera, j'en fais le serment.
L'amitié saura d'un amant volage
Faire en quelques jours un mari constant.

MARIE.

J'emporte en mon cœur espoir et courage;
Ce bonheur promis, mon âme l'attend,
Puisque l'amitié, d'un amant volage,
Me jure de faire un mari constant.

(*Elles s'embrassent. Robinson entre par la droite, un petit paquet à la main.*)

ROBINSON, *à part* (1). Cette colombe ici!.. Encore une de perdue, hélas! (*Il soupire. Marie sort par le fond.*)

SCÈNE XIV.

ÉLISA, ROBINSON, *puis* ASPASIE ET BÉLASSIS.

ÉLISA, *gaiement* (2). Ah! je ne me suis jamais sentie si heureuse qu'aujourd'hui!.. Maintenant, mettons vite mon projet à exécution. (*Elle se met au guéridon, à gauche, et écrit.*)

ASPASIE, *entrant par la droite, à part.* Tiens, Robinson qui fait ses malles.

ROBINSON, *s'approchant d'Élisa* (3). Madame.

ÉLISA, *écrivant toujours.* Mon ami.

ROBINSON. Je ne suis pas votre ami.

ÉLISA. Hein?

ROBINSON. Madame, votre conduite ne me convient en aucune façon. (*Mouvement d'Élisa.*) Et comme vous ne mettez à profit ni les conseils, ni les bons exemples que je vous donne, je viens vous prier de visiter mes effets. (*Il présente son petit paquet.*)

1 Élis. Mar. Rob.
2. Élis. Rob.
3 Élis. Rob. Asp.

ÉLISA, *sans se déranger.* Vous pouvez rester, honnête Robinson ; car vos leçons ont porté fruit.

ROBINSON, *avec joie.* Il se pourrait?

ÉLISA, *écrivant toujours.* Je suis en train de rendre un père à sa fille, un mari à sa femme et des prétendus à leurs fiancées.

ASPASIE, *à part.* Plaît-il ?

ROBINSON. Madame, permettez-moi... (*Il met un genou en terre et lui baise la main.*)

ASPASIE, *se montrant.* Qu'est-ce que c'est?

ROBINSON, *toujours à genoux.* C'est l'innocence couronnant le repentir.

ASPASIE. C'est drôle.

ÉLISA, *se levant, plusieurs lettres à la main, et passant près d'Aspasie* (1). Aspasie, vous êtes une insolente, et je vous chasse. (*Robinson se relève.*)

ASPASIE. Vous me chassez ? soit! mais...

ÉLISA. Oh ! vous pouvez dire mes secrets!.. je les dis moi-même.

ASPASIE, *humblement.* Bah ? c'est différent, et je demande pardon à Madame.

ÉLISA, *passant à droite* (2). C'est bien. (*A part.*) Ce que c'est pourtant que de jouer franc jeu. On est libre! et l'on ne dépend plus de ces gens-là ! (*Musique à l'orchestre jusqu'au baisser du rideau.*)

ROBINSON. Maintenant, Madame, adieu, et persévérez.

ÉLISA. Quoi! vous me quittez?

ROBINSON. Il le faut; vous êtes convertie, vous, et je me dois à l'humanité. (*Il sort par la gauche.*)

ÉLISA (1). Eh bien ! bonne chance, mon ami. Aspasie, ces lettres à leur adresse. Allez. (*Elle lui remet quatre lettres. Aspasie sort par la gauche; seule, comptant sur ses doigts.*) Deux amants à guérir, deux mariages à renouer, dix intrigues à mener de front... Allons ! je m'amuserai peut-être cette nuit à l'Opéra. (*En disant cela elle s'assied sur la causeuse de droite.*)

DÉLASSIS, *entr'ouvrant la porte du fond* (2). Puis-je entrer maintenant ?

ÉLISA. Impossible, mon cher, je me coupe les ongles.

DÉLASSIS, *ébahi.* Ah!.. pas de chance!.. (*Élisa lui montre la porte. La toile tombe.*)

1 Rob. Elis. As.
2 Rob. As. Elis.

1 As. Elis.
2 Bel. Elis.

FIN DU TROISIÈME ACTE.

MASCARADE.

LE CARNAVAL A PARIS.

LE BAL DE L'OPÉRA.

Le théâtre est partagé en deux. — A gauche, le foyer, vu dans sa longueur. — A droite, le couloir du rez-de-chaussée. — Au milieu, à droite, un escalier menant dans la salle. — Au-dessus, la galerie des premières — Au lever du rideau, on entend la musique du bal.

NOTA. — S'adresser pour la mise en scène de cet acte, qui est très-compliqué, à M. Boulé, directeur de la scène au théâtre des Variétés.

SCÈNE PREMIÈRE.

JULES, *en habit noir, dans le foyer.* GUITARE, NARCISSE, *dans le couloir. Dans la galerie du haut,* POMARD; *puis* DÉLASSIS, MASQUES, DOMINOS, HABITS NOIRS.

POMARD, *déguisé, dans la galerie du haut, achevant un discours.* Et voilà!...

TOUS, *criant.* Ah!... Bravo! bravo!

GUITARE, *en débardeur, passant dans le couloir, au bras d'un vieux monsieur.* C'est pas moi qui suis cruelle, c'est vous qui êtes laid! (*Elle entre avec le vieux, dans le bal.*)

UN DOMINO, *se croisant dans le foyer avec Jules qui se promène.* Je te connais, Jules Mathieu!

JULES, *sans s'arrêter.* Tant pis pour toi! (*Narcisse, déguisé, paraît dans le couloir.*)

POMARD, *l'interpellant.* Ohé!... Narcisse!... ohé!...

NARCISSE, *un peu gris* (1). Tiens! c'est toi, Pomard! Prête-moi donc cent francs! j'ai le moine blanc à déjeuner! (*Fin de la musique.*)

POMARD. Je l'ai eu à souper, mon bonhomme, et je n'ai plus le sou! (*Narcisse s'éloigne. Pomard disparaît dans la galerie.*)

DÉLASSIS, *en habit noir, dans le foyer.* Je suis contrarié comme tout! J'ai perdu le numéro de mon paletot; et ma clé était dedans avec mon mouchoir. Je suis contrarié comme tout! (*Il s'éloigne en retournant ses poches. — On voit attaché à une des basques de son habit le numéro qu'il a perdu. — Trois pierrots en lunettes gesticulent dans le couloir.*)

POMARD, *qui vient d'y pénétrer, se glissant au milieu d'eux.* Y aurait-il indiscrétion à demander à ces messieurs leur avis sur la composition du nouveau ministère anglais?... (*On rit. Amanda paraît dans le couloir; elle est en débardeur.*)

1 Nar. Po.

SCÈNE II.

AMANDA, POMARD, MASQUES, HABITS NOIRS, *puis* GUITARE ET PALMYRE, *puis* UN PIERROT, *en lunettes.*

AMANDA, *venant de la salle et apercevant Po-*

mard (1). Tiens, v'là Pomard! Monsieur veut-il m'accorder la première?

POMARD. J'ai trop faim!

AMANDA. Il ne vit que pour manger, cet être-là! (*Bruit dans la salle.*) Quel est ce doux murmure? (*Elle remonte.*) Tiens! c'est Cœlina et Guitare qui ont des raisons. (*Cœlina et Guitare sortent de la salle, entrent dans le couloir en se disputant. Elles sont en débardeurs.*)

GUITARE (2). Ça, c'est pas la perruque à Paul!

CŒLINA. Non! c'est pas la perruque à Paul!

GUITARE. Ah! c'est pas la perruque à Paul? Tu vois bien, Cœlina, tu n'es qu'une pas grand'chose, et lui, un rien du tout, parce que c'est la perruque à Paul!

UN DES PIERROTS, *en lunettes, venant entre elles.* Voyons!.. voyons!.. Mesdames! (*Cœlina s'éloigne en remontant.*)

GUITARE. De quoi! (*Elle lui donne une poussée et le pierrot tombe sur Pomard, qui l'envoie rouler plus loin... On rit.*)

AMANDA, *riant.* Le masque tombe, l'homme reste et le pierrot s'évanouit; (*En ce moment la musique de l'orchestre éclate plus bruyante.*) Ah çà, mes petits anges, nous ne sommes pas venus ici pour nous reposer!.. En place pour la contredanse!

UN GRAND NOMBRE DE VOIX. A la danse! à la danse! (*Amanda disparaît suivie de Guitare, Cœlina et autres masques des deux sexes. — Le mouvement continue à régner dans le foyer et dans les couloirs; mais à partir de ce moment, le premier plan se trouve dégagé. — Pomard s'éloigne par le fond du couloir.*)

SCÈNE III.

ELISA, ASPASIE, *puis* JULES ET NARCISSE.

(*Aspasie, en domino, fait un signe à Élisa, qui est au foyer, également en domino.*)

ÉLISA, *dans le foyer* (3). Eh bien! Aspasie?..

ASPASIE, *de même.* Madame, j'ai conduit mademoiselle Adèle et mademoiselle Marie à la loge vingt-deux. (*Elle désigne une loge dans la galerie du haut.*)

ÉLISA. Avez-vous vu le baron et la baronne?

ASPASIE. Pas encore, Madame; mais Justin les guette, sous le péristyle.

ÉLISA. Et M. Jules, M. Albert?..

ASPASIE. Ils sont arrivés! M. Albert est venu trois fois dans la soirée... il avait l'air d'un fou!

ÉLISA, *à part.* On lui donnera des douches! (*Haut.*) C'est bien, Aspasie, allez, et n'oubliez pas mes recommandations! (*Aspasie s'éloigne par le couloir. Jules paraît dans le foyer.*) Allons! voilà la scène du sacrifice qui commence! (*Prenant le bras de Jules.*) C'est moi!..

JULES (1). Élisa!.. vous êtes venue! ah! merci!.. merci!

ÉLISA. C'est tout à l'heure qu'il faudra me remercier.

JULES. Vous dites?

ÉLISA. Rien. Ah çà, voyons... franchement... est-ce que vous pensez encore à la plaisanterie de ce matin?..

JULES. Une plaisanterie?.. mais je vous adore! et je veux que vous m'aimiez aussi!

ÉLISA, *partant d'un éclat de rire.* Que je vous aime?.. ah! mon pauvre ami, comme on voit bien que vous ne me connaissez pas!..

JULES. Allons donc!.. je vous connais mieux que vous!..

ÉLISA. Et vous parlez de mon amour?.. Vous prenez donc le cœur d'une Élisa Bouvry pour le lac de M. de Lamartine... eh bien! merci!.. mon cœur, voyez-vous, c'est tout bonnement l'Océan avec ses ouragans et ses tempêtes!..

JULES, *enchanté.* Bravo!.. c'est ce que je demande!..

ÉLISA. Ah!.. vous êtes fou!

JULES. D'amour, oui, et je veux que vous partagiez ma folie. (*Il lui prend la taille.*)

ÉLISA. Monsieur Jules, voyons...

JULES. Je ne vous quitte plus... je vous suivrai partout, même en enfer.

ÉLISA. Mais je n'y vais pas.

JULES. Vous irez... (*Il l'embrasse.*)

ÉLISA. Et moi qui croyais le calmer en me faisant plus diable que je ne le suis.

JULES. Votre réponse?

ÉLISA. Je demande dix minutes...

JULES. Pour?..

ÉLISA. Pour consulter ma famille. (*Elle lui échappe et se sauve par le fond du couloir. Jules va la suivre, Narcisse se jette dans ses bras et l'arrête dans le couloir. Élisa se perd dans la foule.*)

NARCISSE (2). Elle était innocente, mon ami!

JULES. Qui?

NARCISSE, *pleurant.* Je te jure qu'elle était innocente!

JULES, *le prenant par le bras.* Mais qui, encore une fois?..

NARCISSE, *se laissant aller.* La petite Marie!..

JULES, *le saisissant brusquement et le faisant tenir debout de force* (3). Et tu l'as accusée?

NARCISSE. Je suis un gueux... un scélérat!.. bats-moi, tue-moi... tue-moi... j'ai mérité la mort. (*Il tombe à ses genoux.*)

JULES, *le repoussant.* Au diable l'ivrogne...

(1) Po. Am.
(2) Po. Cœ. Gui. Am.
(3) As. Eli.

(1) Ju. Éli.
(2) Jul. Nar.
(3) Nar. Jul.

Ah!.. il faut que la retrouve... (*Il remonte. Guitare qui entrait par la droite, tout en polkant avec Pomard, lâche ce dernier et s'accroche à Jules* (1). Laissez-moi, je suis pressé.

GUITARE. Voilà tout ce que tu paies.

JULES, *se dégageant*. Allez au diable!.. (*Il s'échappe et entre dans la salle.*)

GUITARE. Eh ben! on rit avec vous et tu te fâches! en v'là un drôle de pistolet! (*Guitare avise Narcisse et va à lui* (2). Tiens! c'est Narcisse! En v'là un fainéant qui dort et qui laisse une pauvre femme danser toute la nuit. Allons donc! (*Elle le secoue. En ce moment un flot de masques arrive par le fond du couloir et se perd dans la salle. Guitare entraîne Narcisse à leur suite*).

SCÈNE IV.

ROBINSON, *puis* MADAME DUCAUCASE, ET LA FOULE.

ROBINSON, *paraît dans le couloir, venant du fond; il est en jockey de course.* Que de monde! bon Dieu! et quel drôle de monde! Et dire que Cœlina est dans ce gouffre! Allons! tout en la cherchant, je vais en commencer une autre! il y a du choix dans cette Babylone! (*Il remonte et se trouve en face de madame Ducaucase, en costume de Pètra-Camara. L'examinant.*) Il me semble que je connais cette jeune personne!

MAD. DUCAUCASE (3). Tiens! monsieur Vendredi!..

ROBINSON. Robinson, Madame!.. Eh! mais c'est madame Ducaucase!

MAD. DUCAUCASE. Vous venez donc ici, vous?

ROBINSON. Oui, j'ai pensé que, dans cet établissement, je pourrais donner des conseils salutaires aux autres et trouver une place pour moi!

MAD. DUCAUCASE. Vous n'avez pas vu Manda? Une veste bleue, et le pantalon pareil.

ROBINSON. Votre nièce met des pantalons?

MAD. DUCAUCASE. Tu en mets bien, toi!

ROBINSON. Mais moi, je suis très-mal fait! c'est bien différent!

MAD. DUCAUCASE. Tiens, tu es trop bête! Je vas chercher après ma nièce!

ROBINSON. Ah! mon Dieu! (*Il s'éloigne en gémissant, et entre dans la salle.*)

MAD. DUCAUCASE. Voyons un peu par ici! (*Elle se présente à la première porte du foyer.*)

L'HUISSIER, *qui garde la porte* (4). On ne passe pas!..

MAD. DUCAUCASE. A cause de quoi?

1 Jul. Gui.
2 Nar. Gui.
3 Rob. mad. Duc.
4 L'huis. mad. Duc.

L'HUISSIER. Les costumes n'entrent pas au foyer.

MAD. DUCAUCASE. Je suis décente!

L'HUISSIER. Ça ne fait rien!

MAD. DUCAUCASE. Mais on ne peut pas empêcher une tante de veiller sur sa nièce!

L'HUISSIER. On ne passe pas!..

MAD. DUCAUCASE. Hou!.. ça doit être un ancien auteur! Je vas chercher dans les cintres!.. (*Elle sort par le premier plan du couloir. On voit Élisa dans la galerie des premières avec Marie en domino.*)

MARIE. Élisa, tu sais ce que tu m'as promis.

ÉLISA. Sois tranquille... je tiendrai ma parole. (*En ce moment, Jules sort de la salle et traverse le couloir, pour entrer dans le foyer, où il se perd dans la foule.*)

MARIE, *montrant Jules à Élisa.* Ah! le voici! (*Ici l'orchestre exécute une polka... Elisa et Marie disparaissent. Coquardeau paraît dans le foyer, une lettre à la main... Il est en habit noir.*)

SCÈNE V.

COQUARDEAU, DEUX JEUNES GENS, *puis* GUITARE.

COQUARDEAU, *lisant.* « Soyez à deux heures, « sous l'horloge... on a une révélation importante « à vous faire, au sujet de la baronne. » Qu'est-ce que ça peut être? (*Coquardeau consulte sa montre. Deux jeunes gens passent devant lui, et s'arrêtent en le regardant.*)

PREMIER JEUNE HOMME. Pardon, Monsieur (1)... un mot, s'il vous plaît?.. seriez-vous assez bon pour me prêter votre nez un instant, c'est pour intriguer quelqu'un!

COQUARDEAU. Mais, Monsieur, mon nez n'est pas en carton!

PREMIER JEUNE HOMME. Ah! pardon!! Mes compliments, du reste!.. c'est un joli travail!.. (*Les deux jeunes gens remontent dans la foule.*)

COQUARDEAU. Oh! je ne suis pas sa dupe! ce monsieur est un mauvais plaisant!.. C'est fort déplacé!.. (*Il remonte et se perd dans la foule, cris dans la salle : on l'emmènera! on ne l'emmènera pas!...*)

GUITARE, *en haut de l'escalier qui mène dans la salle.* Tiens! une dame qu'on emballe! (*Elle entre dans la salle, suivie d'autres masques... Élisa, au bras d'Albert, paraît dans le foyer, venant du fond.*)

SCÈNE VI.

ÉLISA, ALBERT, *puis* ROBINSON, CŒLINA, MADAME DUCAUCASE, L'HUISSIER, NARCISSE, COQUARDEAU, LA FOULE.

ALBERT (2). Élisa, je vous en prie!

1 Coq. Le jeune hom.
2 Élis. Alb.

ÉLISA. Vous êtes un enfant!..

ALBERT. Si vous saviez ce que je souffre de votre indifférence!

ÉLISA. Vous souffririez bien plus de mon amour! (*Fin de la polka à l'orchestre... ils remontent le foyer.*)

ROBINSON, *sortant de la salle et entrant dans le couloir avec Cœlina* (1). Croyez-moi, Cœlina, plus vous attendrez, plus vous enfoncerez dans la vase!

CŒLINA, *bâillant*. Ah! je suis lasse!

ROBINSON. Asseyez-vous! (*Il la fait asseoir contre une colonne à droite, et Robinson continue son sermon à voix basse; madame Ducaucase se présente de nouveau à la porte du foyer.*)

L'HUISSIER (2). On ne passe pas!

MAD. DUCAUCASE. Mais quand je vous dis...

L'HUISSIER. On ne passe pas!

MAD. DUCAUCASE. Tu n'auras qu'un sou, tu dis toujours la même chose! (*Apercevant Robinson.*) Vous n'avez pas vu ma nièce, vous? depuis tout à l'heure.

ROBINSON. Si, Madame!

MAD. DUCAUCASE. Où est-elle, cette pauvre chérie?

ROBINSON. On vient de la conduire au violon!

MAD. DUCAUCASE. Au violon? ma nièce!.. et pourquoi ça, bon Dieu?

ROBINSON. Parce qu'elle dansait d'une façon inconsidérée.

MAD. DUCAUCASE. Ah! la maudite enfant! elle n'en fait jamais d'autres! C'est honnête; mais ça n'a pas de tenue pour deux liards... (*Elle remonte et se rencontre avec Narcisse qui sort de la salle.*)

NARCISSE (3). Je l'ai dit à Jules!.. Elle est innocente, madame Ducaucase!

MAD. DUCAUCASE. Vrai? alors, je vas un peu houspiller ce commissaire! (*Elle sort par le fond du couloir, Narcisse la suit en trébuchant et en criant : Elle est innocente!...*)

ROBINSON, *à Cœlina*. Je disais donc, Cœlina... allons, bon! Elle s'est endormie!.. je désespère de faire mes frais dans ce monument! (*Il s'éloigne douloureusement absorbé et entre dans la salle.*)

ÉLISA, *descendant le foyer avec Albert* (4). Vous voyez bien que vous aimez toujours votre Adèle! eh bien, aimez-la, mon garçon, et épousez-la! oh! je ne suis pas jalouse, allez!

ALBERT. Mais, Madame, le baron ne consentira jamais...

ÉLISA. Il consentira! j'en fais mon affaire!

ALBERT. Mais elle, comment la voir, lui parler?

ÉLISA. Elle est ici!

1 Cœli. Rob.
2 L'huis. Mad. Duc. Rob. Cœli.
3 Mad. Duc. Nar. Rob. Cœli.
4 Élis. Alb. Cœli.

ALBERT. Ici!

ÉLISA. Dans ma loge, numéro 22. (*Elle la désigne.*)

ALBERT. Vous êtes donc une fée?

ÉLISA. C'est bien possible : on n'a jamais pu savoir!

ALBERT. Allons!

ÉLISA. C'est heureux! (*Albert sort du foyer par la deuxième porte et disparaît dans le couloir. Élisa remonte le foyer et se perd dans la foule. L'orchestre exécute une valse. Madame de Coquardeau, paraît dans le couloir, une lettre à la main. Elle est en domino.*)

SCÈNE VII.

HORTENSE, POMARD, BÉLASSIS, GUITARE, *dormant; puis* COQUARDEAU, ÉLISA, ALBERT, ADÈLE, JULES.

HORTENSE, *lisant*. « Soyez à deux heures au « foyer de l'Opéra; on a une révélation impor- « tante à vous faire au sujet de votre mari. » Qu'est-ce que cela peut être?.. attendons!..

POMARD, *qui sortait de la salle, prenant la taille de la baronne* (1). Une douzaine d'huîtres et mon cœur!..

HORTENSE, *effrayée, lui échappant et entrant dans le foyer, où elle prend le bras de Bélassis qui s'y promène*. Ah! monsieur Bélassis!

BÉLASSIS, *la reconnaissant, à part* (2). La baronne de Coquardeau!.. Elle est venue pour moi! (*Haut.*) Disposez de mon bras, ma vie vous appartient!..

COQUARDEAU, *arrivant dans le couloir par le fond, et regardant sa montre* (3). Il est deux heures passées... j'ai envie de chercher une soupeuse, moi!..

CŒLINA, *se réveillant et se détirant*. Ah! j'en ai assez du bal!.. je vas me coucher!.. (*Elle sort par le fond du couloir. Pomard la suit et se perd dans la foule.*)

BÉLASSIS, *à la baronne* (4). Je vous aime!..

HORTENSE, *quittant son bras*. Plaît-il?

BÉLASSIS, *à part*. Elle craint de se compromettre. (*Il remonte et regarde autour de lui. Coquardeau entre dans le foyer.*)

COQUARDEAU, *apercevant sa femme*. Voilà justement un petit domino qui fera mon affaire... (*S'approchant d'elle.*) Je te connais, beau masque!

HORTENSE. Mon mari!

COQUARDEAU. Ma femme!.. vous ici, Madame?..

BÉLASSIS, *redescendant à la gauche de Coquardeau sans le voir* (5). Ne craignez rien, Ma-

1. Hor. Pom. Cœli.
2. Bel. Hor. Pom. Cœli.
3. Bel. Hor. Coq. Pom. Cœli.
4. Bel. Hor. Coq.
5. Hor. Coq. Bel.

dame, je suis discret, et... (*Se trouvant en face de Coquardeau, et s'arrêtant tout stupéfait.*) Le baron!..

COQUARDEAU, *furieux*. Monsieur Bélassis!.. ah! ce n'était pas ma fille!.. c'était donc ma femme!..

BÉLASSIS, *balbutiant*. Monsieur le baron!..

COQUARDEAU. Pas de bruit!.. pas d'éclat!..

BÉLASSIS. Mais...

COQUARDEAU. Voici ma carte!.. (*Il la lui donne.*)

HORTENSE. Mon ami!..

BÉLASSIS. Permettez...

COQUARDEAU. Pas d'éclat!.. pas de bruit!.. à six heures... sous l'horloge!..

BÉLASSIS. Ah! c'est trop fort!.. je suis contrarié comme tout!.. (*Il s'éloigne par le fond du foyer.*)

COQUARDEAU, *criant* (1). A six heures, entendez-vous!.. (*Se rapprochant de sa femme.*) Un M. Bélassis!.. ah! fi! baronne!..

HORTENSE. Vous êtes fou, Monsieur!..

COQUARDEAU. Mais cependant...

HORTENSE. Je suis venue ici pour vous surveiller, Monsieur!

COQUARDEAU. Et moi, pour vous surprendre! Madame!..

HORTENSE. Car j'ai reçu une lettre qui m'annonçait...

COQUARDEAU. Ah bah! mais j'ai reçu aussi un billet qui me disait...

HORTENSE, *montrant sa lettre*. Voici ma lettre, Monsieur.

COQUARDEAU, *de même*. Et voici mon billet! (*Ils font un échange.*)

TOUS DEUX, *lisant*. La même formule!..

COQUARDEAU. C'est une mystification!..

HORTENSE. Mais qui donc a osé? (*Fin de la valse à l'orchestre.*)

ÉLISA, *arrivant près d'eux* (2). C'est moi!

COQUARDEAU, *à part*. Élisa!.. fichtre!.. et ma femme...

ÉLISA. Car il fallait que vous fussiez ici pour ne pas être chez vous; et je voulais que vous ne fussiez pas chez vous, pour que mademoiselle Adèle pût venir ici!

COQUARDEAU. Ma fille, ici!

ÉLISA. Votre fille! ici! dans une loge! en tête-à-tête avec M. Albert Morin! et tenez, les voilà! (*Albert et Adèle en domino viennent en effet de sortir de la loge, et restent dans la galerie du haut.*)

COQUARDEAU. Ma fille! dans une l... en tête... avec un j... j'en ferai une maladie, c'est sûr!

ÉLISA. Non, vous les marierez et tout sera dit!

COQUARDEAU. Jamais!

ÉLISA, *passant dans le couloir*. Prenez garde! monsieur Morin va vous faire sa demande de là-haut?

1. Hor. Coq.
2 Hor. Coq. Éli.

COQUARDEAU, *aux cent coups et passant dans le couloir avec Hortense*. Je consens!.. je consens!

ÉLISA. A la bonne heure! (*Jules a paru dans le couloir, venant du premier plan et s'est arrêté derrière une colonne.*)

COQUARDEAU, *à la baronne*. Votre bras, Madame. (*A Adèle qui est toujours dans la galerie du haut.*) Quand vous voudrez, Mademoiselle. (*A part.*) Je ne connais rien de bête comme le bal de l'Opéra. (*M. et madame Coquardeau sortent par le fond du couloir; Adèle et Albert disparaissent dans la galerie des premières loges, Aspasie sort du foyer, Élisa lui parle bas, en lui indiquant la loge numéro 22. Aspasie s'éloigne par le fond du couloir.*)

SCÈNE VIII.

ÉLISA, JULES, *puis* MARIE ET ASPASIE.

ÉLISA, *à elle même* (1). Et d'un! à l'autre maintenant! (*Se trouvant face à face avec Jules qui s'est approché.*) C'est lui! Pauvre jeune homme!

JULES, *très-froid*. Madame!

ÉLISA. Tiens, qu'est-ce que vous avez donc?..

JULES. J'ai du malheur!..

ÉLISA. Comprends pas!..

JULES. Un mot va tout vous dire!

ÉLISA. Voyons le mot!

JULES. Il y a huit jours...

ÉLISA. Tant que ça?

JULES. Au moins! j'adorais...

ÉLISA. Une grisette... je le sais...

JULES. Pour me consoler d'une trahison...

ÉLISA. Imaginaire...

JULES. Positivement! je courus chez...

ÉLISA. La baronne de Coquardeau!.. allez toujours!

JULES. Une grande dame! l'honneur! la vertu même, m'écriais-je? ah bien! oui, je ne trouvai là que fourberie et coquetterie. Merci bien!.. au diable le faubourg Saint-Germain, dis-je alors, et vive la Boule-Rouge! Je tombe chez vous!... bravo! ça commence à merveille! vous dupez un vieux drôle, vous soufflez sur les filles qui mangent vos miettes et tout cela tombe à terre comme des capucins de cartes!

ÉLISA. Eh bien! ça vous a choqué?

JULES. Au contraire! c'était superbe; mais soudain le vent change! et, au moment où je crois avoir trouvé mon idéal, vous passez en sautoir l'écharpe de monsieur le maire!.. vous mettez en ménage les filles de famille et les employés des ministeres!.... mais, ça n'a pas de nom!... ça n'est jamais arrivé : c'est impossible! c'est bête

2 Éli. Jul.

comme une oie et faux comme un jeton!.. voici ce que j'avais à vous dire... maintenant, Madame, tout à vous! (*Il se dirige vers le fond, Élisa éclate de rire, il s'arrête.*)

ÉLISA. Ainsi, mon cher, vous ne m'aimez plus?

JULES, *avec conviction.* Oh! plus du tout!

ÉLISA, *lui donnant une poignée de main.* J'en suis un peu enchantée, allez!

JULES. Parole?..

ÉLISA. D'honneur!

ASPASIE, *sortant de la loge numéro 22, avec Marie, et paraissant dans la galerie du haut.* Venez, Mademoiselle. (*Elle emmène Marie par le premier plan. L'orchestre exécute en sourdine l'air des Grisettes du premier acte.*)

JULES. Ce n'est donc pas pour moi que...

ÉLISA. Que je suis au bal!.. ma foi, non! C'est pour une autre!

JULES. Une autre!

ÉLISA. Marie.

JULES. Marie!.. elle est ici!

ÉLISA. Je l'ai amenée pour qu'elle vous prouvât son innocence!..

JULES. Allons, bon! il ne manquait plus que ça. Quelle drôle de chose!.. je vous demande un peu à quoi m'ont mené mes voyages?.. Tenez, ma foi, je retourne...

ÉLISA. A vos premières amours! vous avez bien raison! (*Ici, Marie, conduite par Aspasie, entre dans le couloir par le premier plan, au foyer.*)

JULES, *après un moment de réflexion.* Du reste, voyez-vous, Élisa, il n'y a pas à dire, il n'y a encore que les grisettes!

MARIE, *lui prenant le bras* (1). N'est-ce pas?..

JULES. Marie!..

ÉLISA. Quel grand toqué que ce garçon-là!

MARIE, *à Élisa.* Merci!.. Élisa, merci!..

ÉLISA. Oh! il n'y a pas de quoi... (*Jules, Marie, Élisa et Aspasie entrent au foyer et disparaissent dans la foule. Musique bruyante à l'orchestre. Amanda arrive par le fond du couloir, portée sur les épaules de deux pierrots. Pomard, Guitare, Bélassis et une foule de masques l'accompagnent en criant. Narcisse paraît dans la galerie du haut; il a une couronne de roses à la main. Madame Ducaucase suit sa nièce.*)

(1) Éli. Ju. Mar. Asp.

SCÈNE IX.

AMANDA, MADAME DUCAUCASE, BÉLASSIS, POMARD, GUITARE, NARCISSE, *puis* ROBINSON, MASQUES, DOMINOS, HABITS NOIRS.

TOUS. Vive Amanda!

AMANDA (1). Ce que c'est que de nous! tout à l'heure dans les fers! et maintenant au Capitole!

NARCISSE, *dans la galerie.* Manda! à toi cette couronne!.. je ne l'ai portée que trois fois! (*Il lui met sa couronne sur la tête.*)

MAD. DUCAUCASE, *avec orgueil.* O ma nièce!.. (*S'avançant vers le public.*) Mais il n'y a donc pas ici un directeur intelligent!..

AMANDA, *qu'on a descendue.* Et maintenant, mes amis, puisque le talent est persécuté là-bas, dansons dans les couloirs, dans l'escalier, partout!..

POMARD. A nous le foyer!..

TOUS. A nous le foyer!..

(*Pomard, Guitare, Amanda, et Narcisse qui est descendu de la galerie, font irruption dans le foyer, ainsi que d'autres masques.*)

AMANDA. En place pour la dernière!

TOUS. En place! (*Deux quadrilles se forment, l'un dans le couloir, l'autre dans le foyer. L'orchestre exécute un appel de contredanse.*)

MAD. DUCAUCASE, *se plaçant, pour danser, dans le couloir.* Manda, prends bien garde de te faire repincer!

AMANDA, *de même, dans le foyer.* As pas peur, ma tante! on dansera le menuet. (*Danse.*)

ROBINSON, *les haranguant du haut de la galerie, pendant la danse.* Mais on n'a jamais dansé comme ça! mais c'est révoltant! (*Galop échevelé.*)

(1) Gui. Pom. Am. mad. Duc. Bel. Nar.

FIN.

LAGNY. — Imprimerie de VIALAT et Cie.

VARIANTE POUR LA PROVINCE.

ACTE TROISIÈME.

SCÈNE X.

C'est bien la peine, puisque je ne vais plus en Russie. Oh! la Russie! un pays où il pleut des couronnes.

ÉLISA. Tu crois donc qu'il t'en serait tombé une sur la tête?

AMANDA. Pourquoi pas?

ÉLISA, *raillant.* Tu es encore bonne dans ce rôle-là!

AMANDA, *piquée.* Mais..... comme dans les autres.

ÉLISA. C'est ce que je voulais dire.

AMANDA. Dis donc, dis donc, tu pourrais être polie, si tu voulais! faut pas tant faire la fière, parce que tu es aux Variétés et que tu as des rôles!.. c'est pas le tout que d'en avoir, faudrait voir à les jouer un peu.

ÉLISA, *se fâchant.* Ah! mais, dis donc, toi!

JULES, *cherchant à les calmer.* Mesdames!..

SCÈNE XI.

LES MÊMES, MADAME DUCAUCASE.

MAD. DUCAUCASE. Me v'là, moi! Je viens chercher Manda.

ÉLISA. Vous auriez bien dû venir plus tôt.

MAD. DUCAUCASE. Hein!... est-ce que ma nièce vous gêne?

AMANDA. Eh! ne lui parle donc pas, ma tante, et viens nous-en!

MAD. DUCAUCASE. N'oui, ma nièce! (*Avec mépris.*) D'autant que c'est encore une drôle de monde ici!

ÉLISA, *qui a regardé à la fenêtre qui donne sur le jardin.* Tiens, il neige! Mesdames, ma voiture est à vos ordres.

AMANDA. Sa voiture!..

MAD. DUCAUCASE. Merci, Médéme! j'ai not' parapluie. Viens, Manda! (*Elle ouvre son parapluie, prend sa nièce sous son bras, et les deux femmes sortent majestueusement par le fond.*)

SCÈNE XII.

JULES, ÉLISA.

JULES. Ah! tenez, Élisa, décidément, vous êtes adorable!

ÉLISA. Et à propos de quoi?

JULES. Oui, depuis que je vous connais, je vous observe, je vous étudie...

ÉLISA. En vérité?

JULES. Tout ce que vous dites, voyez-vous, tout ce que vous faites, c'est par trop fort!..... vous êtes une femme incroyable, une nature impossible!... et moi, j'adore l'impossible.... aussi, écoutez, Élisa, je sens que je vous aime.

ÉLISA. Tiens, comme dans Bajazet!

JULES. Pis que dans Bajazet.

ÉLISA. Allons donc, mon cher, vous aimez tout le monde!

JULES. J'aime... c'est-à-dire que j'ai cru aimer; mais cette fois-ci...

Air du *Piano de Berthe.*

Oui, sur mon honneur,
J'aime avec fureur!
Je mets à vos pieds ma vie et mon cœur!
Adieu, sans regrets, trompeuses grisettes!
Pour jamais adieu, baronnes coquettes!
(*A Élisa, en s'asseyant auprès d'elle.*)
A vous, dès ce jour,
Mon dernier amour!..

(*Changeant de ton.*) J'attends la réponse!..

ÉLISA. Eh bien!.. attendez.

ASPASIE, *paraissant au fond.* Madame Duhomme vous envoie une de ses ouvrières.

ÉLISA, *se levant.* Faites-la entrer.

JULES, *de même.* Je vous laisse.

ÉLISA. A bientôt, n'est-ce pas? (*Jules s'incline.*)

JULES, *s'éloignant par la droite, premier plan.* Décidément, il n'y a encore que les actrices!... (*Il disparait au moment où Marie entre par le fond, conduite par Aspasie qui sort aussitôt.*)

SCÈNE XIII.

ÉLISA, MARIE.

ÉLISA, *prenant une jupe de théâtre.* Voulez-vous approcher, Mademoiselle? (*Marie s'approche d'Élisa. Toutes deux ont les yeux sur la robe et ne se regardent pas.*) Voyez-vous, mon enfant, il s'agit de raccourcir cette jupe de trois doigts.

MARIE, *levant la tête.* Bien, Madame!

ÉLISA, *avec surprise.* Ah bah!

MARIE. Plait-il, Madame?

ÉLISA. Est-ce que vous ne vous nommez pas Marie Deschamps?

MARIE. Oui, Madame!

ÉLISA. Eh bien! tu ne me reconnais pas?

MARIE. Mais si, Victoire Michu!

ÉLISA. Non! Élisa Bouvry.

MARIE. Ah! oui, votre nom de théâtre!

ÉLISA. Veux-tu bien me tutoyer et m'embrasser tout de suite! (*Elle l'embrasse.*)

MARIE. Est-ce drôle, ce hasard!

ÉLISA. Est-ce heureux! (*L'examinant.*) Ah! mais, es-tu devenue belle fille, donc? (*Riant.*) Te souviens-tu comme tu étais laide à douze ans, quand nous étions en apprentissage?

MARIE, *riant.* Oui, c'est vrai! Qu'est-ce qui s'en douterait, hein?

ÉLISA. Que je suis donc contente de t'avoir retrouvée! (*Passant son bras sous celui de Marie et se promenant avec elle autour de la serre.*) Je te donnerai des billets de spectacle!

MARIE. D'en haut?

ÉLISA. A toi?.. non! d'en bas!..

MARIE. Oh! quel bonheur!

ÉLISA. Ce pauvre Cloître Saint-Merry, y a-t-il longtemps que je ne l'ai vu!

MARIE. Est-ce que tu le regrettes?

ÉLISA. Oui, non!.. je ne sais pas... (*Elles s'arrêtent un instant au fond de la serre.*) Mais, voyons, parle-moi un peu de toi, Marie. Qu'est-ce que tu fais de la vie, hein?

MARIE. Moi! je travaille, je chante et j'arrose mes fleurs!..

Air de l'*Ame en peine.*

Chaque matin, quand le soleil se lève,
Quand ses rayons viennent me caresser,

Et dissiper les ombres d'un doux rêve,
Dont le sommeil est venu me bercer,
Vite aux petits oiseaux du voisinage,
Je jette un peu de pain, puis un adieu,
Et le bon Dieu
Donne en retour la force et le courage,
Douces chansons, belles fleurs et ciel bleu!
Oui, Dieu me donne et travail et courage,
Ses belles fleurs et son riant ciel bleu!

ÉLISA, *lui serrant les mains*. Ça me fait du bien de t'entendre dire tout ça!

MARIE, *regardant autour d'elle*. Dis donc, Lisa!.. c'est joliment beau ici!

ÉLISA, *s'asseyant sur le divan, du milieu de la scène*. Oui, c'est assez propre! (*Elle rit.*)

MARIE, *qui s'est assise près d'elle*. Et ta mère?

ÉLISA, *s'arrêtant de rire, tout à coup*. Ma mère? Oh! il y a bien longtemps que je ne l'ai vue!

MARIE. Je suis bien contente que tu sois devenue riche, car elle était bien malheureuse, la pauvre femme!

ÉLISA, *se contenant*. Oui, n'est-ce pas? Quand donc l'as-tu vue, Marie?

MARIE. Il y a deux ans, au pays!.. Je l'ai rencontrée par hasard, dans la forêt de Senlis... à une lieue de chez nous! tu sais?

ÉLISA. Que faisait-elle là?

MARIE, *simplement*. Elle ramassait du bois.

ÉLISA, *suffoquée*. Ah!.. elle... elle ramassait... (*Elle sanglote.*)

MARIE. Qu'as-tu donc?.. puisquelle n'en ramasse plus!

ÉLISA. Tu crois que... Eh bien, si, Marie, elle en ramasse encore... ou bien, alors, elle a froid l'hiver dans sa pauvre petite maison!

MARIE. Que dis-tu?

ÉLISA. J'ai voulu la faire riche, heureuse, elle a toujours refusé... et de peur que ça ne vienne de moi, elle ne reçoit rien de personne!

MARIE. Ah! bien, ma mère partage avec moi.

ÉLISA. Tâche qu'elle partage toujours, Marie. (*Elle l'embrasse.*) Tiens, tu n'as pas de boucles d'oreilles!

MARIE. Oh! si j'en ai!... au Mont-de-Piété!

ÉLISA. Pauvre fille!

MARIE. Et des belles, au moins! On prête six francs dessus! (*Riant.*) Elles ont été souvent là-bas...

ÉLISA. Vraiment?

MARIE. Oh! elles connaissent le chemin, va! maintenant, elles iraient toutes seules!

ÉLISA, *détachant les boucles d'oreilles*. Attends! tiens! en voilà d'autres!

MARIE, *se levant vivement*. Oh! mais, c'est des diamants, ça!

ÉLISA. Non! c'est fait avec des bouchons de carafe...

MARIE. Par exemple! oh! que c'est beau! comme ça brille! ça me fait un tout drôle d'effet.

ÉLISA, *avec un mouvement*. Ah!

MARIE. Je vas les mettre!

ÉLISA, *se levant et courant à elle*. Non, non, Marie, ne les mets pas, je t'en donnerai d'autres! (*Elle les jette loin d'elle.*)

MARIE, *tristement*. Ah! c'est dommage! il m'aurait peut-être trouvée jolie comme ça!

ÉLISA. Qui donc?

MARIE, *à voix basse*. Lui! M. Jules!

ÉLISA, *subitement*. Comment! cette histoire de l'hôtel de Flandres... cette petite Marie, c'était donc toi?

MARIE. Oui, mais comment sais-tu?

ÉLISA. Alors, Narcisse s'est donc vanté?

MARIE. Oui, certes, car je n'ai jamais aimé que M. Jules!

ÉLISA. Dis donc, Marie... est-ce que tu l'aimes encore?

MARIE. Oh! oui! (*Soupirant.*) Mais il ne m'aime plus, lui!

ÉLISA. S'il ne t'aime plus, il te r'aimera, j'en fais mon affaire!

MARIE. Mais je ne comprends pas!

ÉLISA. Ça ne fait rien!.. (*Bruit à gauche.*) Quelqu'un!... Tu pourrais être vue par des personnes qui... que... Tiens, Marie, prends ce travail, (*Elle lui donne la jupe.*) et attends-moi un instant, là, dans ce boudoir! (*Elle la conduit vers la seconde porte à droite.*)

ENSEMBLE.

Air de Reber (les Deux Cœurs).

ÉLISA.

Adieu, chère enfant, espoir et courage!
Ton sort changera, j'en fais le serment!
L'amitié saura d'un amant volage,
Faire en quelques jours un mari constant!

MARIE.

J'emporte en mon cœur espoir et courage!
Mon sort changera, j'en crois ton serment!
L'amitié saura, d'un amant volage,
Faire en quelques jours un mari constant!

(*Elle entre dans le boudoir.*)

SCÈNE XIV.

ÉLISA, ASPASIE, *puis* ADÈLE.

ASPASIE, *annonçant*. Mademoiselle Adèle de Coquardeau.

ÉLISA, *très-surprise*. Que veut dire?... (*A Aspasie.*) Faites entrer! (*Adèle entre suivie d'une femme de chambre qui, sur un signe d'elle, sort avec Aspasie.*)

ADÈLE, *saluant*. Madame!..

ÉLISA. Mademoiselle! à quel heureux hasard dois-je l'honneur que vous me faites?

ADÈLE, *à part*. A nous deux, mademoiselle Elisa! (*Un peu haut et comme à elle-même.*) Allons, du courage!

ÉLISA. Du courage, dites-vous?

ADÈLE, *mettant un mouchoir sur ses yeux*. Ah! Madame!

ÉLISA. Remettez-vous. (*Elle la fait asseoir auprès d'elle sur le divan rond.*)

ADÈLE. Ah! Madame, j'ai bien du chagrin!

ÉLISA. Du chagrin!

ADÈLE. Madame, j'avais un prétendu qui m'aimait et que j'aimais aussi!

ÉLISA. Ah!

ADÈLE. Mais mon père lui a refusé ma main!..

ÉLISA. Pauvre enfant!

ADÈLE. Alors, mon prétendu a voulu se consoler et il s'est mis à aimer une autre femme!

ÉLISA. Ah! c'est mal!

ADÈLE. J'ai appris tout cela, par hasard! c'est M. Narcisse Marchand qui le disait tout à l'heure à ma belle-mère!

ÉLISA. M. Narcisse?

ADÈLE. Oui, il venait pour une pétition

ÉLISA. Ah! très-bien! (*A part.*) Pauvre baron!

(*Haut.*) Et cette autre femme, vous la connaissez?..

ADÈLE. Oui, Madame! et je vois bien qu'il faut renoncer à mon amour... (*Elle se lève.*)

ÉLISA. Cette femme est donc bien dangereuse?

ADÈLE. Oh! oui, Madame! et ce n'est pas sa faute.

ÉLISA, *se levant*. Comment?

ADÈLE.

Air : *En vérité, je vous le dis.*

Oui, depuis que je la connais,
De mon cœur a fui l'espérance!
D'Albert, je comprends l'inconstance,
A sa place, je l'aimerais!
Il ne l'oublira de sa vie,
Car elle est trop belle!

ÉLISA.

Entre nous,
Eh! quand donc est-on trop jolie?

ADÈLE.

C'est quand on l'est autant que vous?

ÉLISA, *très-étonnée*. Que voulez-vous dire? est-ce que, par hasard, cette femme?

ADÈLE. C'est vous!

ÉLISA. Moi?... Et votre prétendu se nomme?

ADÈLE. Albert Morin!

ÉLISA. Ah! bah? mais il ne faut pas se désoler; je le verrai, je...

ADÈLE. Mais, Madame, plus il vous verra, plus il vous aimera... vous êtes si belle!... car vous êtes belle, Madame, oh! bien belle!

ÉLISA, *à part*. Est-ce quelle voudrait me faire poser?...

ADÈLE. Et puis, vous avez du talent, de la réputation! Chaque soir on vous applaudit, on vous admire, et il est bien naturel qu'un jeune homme... mais ce jeune homme qu'est-il pour vous, Madame?... un triomphe de plus, une preuve nouvelle d'un prestige cent fois prouvé; tandis que moi, je n'ai plus rien, si vous ne consentez à me rendre mon fiancé.

ÉLISA, *à part, charmée*. Je me trompais. (*Ici Jules paraît.*)

SCÈNE XV.

LES MÊMES, JULES.

JULES, *à part*. Mademoiselle de Coquardeau! ah! bah!.. (*Il écoute caché par les arbustes du fond.*)

ÉLISA, *allant à Adèle*. Voyons, mon enfant, calmez-vous... Je le veux. Allons, essuyez vos larmes!

ADÈLE. Oh! ce n'est pas la peine, Madame; il va en venir d'autres!

ÉLISA, *souriant*. Elle est charmante! (*D'un air protecteur.*) Mademoiselle, vous avez bien fait de venir à moi!.. M. Albert sera votre époux! je vous le rendrai! je les rends tous aujourd'hui! ça m'amuse!.. je suis fâchée de n'en avoir pas pris davantage!

JULES, *à part*. Mais ce n'est plus Élisa... on me l'a changée!

ADÈLE, *à part*. Allons donc! (*A Élisa.*) Quoi, vous pourriez?

ÉLISA. Je peux beaucoup quand je veux, et je veux! écoutez-moi bien, M. Albert va venir.. Entrez ici et attendez!... (*Elle la conduit à gauche.*)

ADÈLE. Ah! Madame, merci! (*A part.*) Je le savais bien qu'elle me le rendrait! (*Elle entre à gauche.*)

ASPASIE, *paraissant*. M. Albert Morin fait demander si Madame est visible!..

ÉLISA. Plus que jamais!

JULES, *sans être vu*. Voyons le dénoûment!.. c'est fort pastoral.

SCÈNE XVI.

LES MÊMES, ALBERT.

ALBERT, *saluant*. Madame!..

ÉLISA. Bonjour!.. bonjour!...

ALBERT, *soupirant*. Ah! Élisa!

ÉLISA. Vous êtes malade.

ALBERT. Ah! je souffre bien, allez!

ÉLISA. Vraiment! et de quoi donc?

ALBERT. De votre indifférence!

ÉLISA. Vous souffririez bien plus de mon amour!

ALBERT. Élisa, je vous en prie!

ÉLISA. Vous êtes un enfant!

ALBERT. Au nom du ciel, un mot, un seul mot d'espoir!..

ÉLISA, *montrant la porte de droite*. Tenez Albert, ma réponse est là!

ALBERT. Vous riez!..

ÉLISA. Entrez et vous verrez!..

ALBERT. Mais, je ne comprends pas...

ÉLISA. Est-ce que les hommes, comprennent jamais rien!

ALBERT. J'obéis! (*Il entre à droite.*)

ÉLISA. C'est heureux! et d'un! à l'autre maintenant...

JULES, *se montrant* C'est fantastique!

ÉLISA. C'est lui! continuons la scene du sacrifice.

JULES, *fait un profond salut*. Madame!.. (*Il se dirige vers la porte du fond.*)

ÉLISA, *surprise*. Tiens, qu'est-ce que vous avez donc?

JULES. Pardieu! j'ai du malheur!

ÉLISA. Comprends pas!

JULES. Un mot va tout vous dire!

ÉLISA. Voyons le mot!

JULES. Il y a huit jours...

ÉLISA, *riant*. Tant que ça?

JULES. Au moins! j'adorais...

ÉLISA. Une grisette, je le sais.

JULES. Pour me consoler d'une trahison...

ÉLISA. Imaginaire!..

JULES. Que dites-vous?..

ÉLISA. La vérité!.. allez toujours!

JULES. Je courus chez...

ÉLISA. La baronne de Coquardeau! après?..

JULES. Une grande dame! m'écriai-je, l'honneur! la vertu même! ah bien, oui! je ne trouvai là que coquetterie et fourberie!

ÉLISA. Pauvre garçon!

JULES. Merci bien! (*Il continue.*) Au diable le faubourg Saint-Germain! dis-je alors.. vive la Boule-Rouge!.. vive le plaisir insouciant et échevelé! je tombe chez vous... bravo!.. ça commence à merveille!.. vous bernez un vieux drôle, vous soufflez sur les filles qui mangent vos miettes, et tout cela tombe à terre comme des capucins de cartes!

ÉLISA. Ça vous a choqué ?

JULES. Au contraire ! c'était superbe! mais soudain, le vent change et au moment où je crois avoir trouvé mon idéal, vous passez en sautoir l'écharpe de monsieur le maire, vous mettez en ménage les filles de famille et les employés des ministères !.... mais ça n'est jamais arrivé !.... c'est impossible, c'est bête comme une oie et faux comme un jeton ! voici ce que j'avais à vous dire. Maintenant, Madame, tout à vous (*Il va sortir, Élisa part d'un éclat de rire, il s'arrête.*)

ÉLISA. Ainsi, mon cher, vous ne m'aimez plus ?..

JULES, *avec conviction*. Oh ! plus du tout.

ÉLISA. J'en suis un peu enchantée, allez !

JULES. Bah !..

ÉLISA. Parole d'honneur !..

JULES. Pourquoi donc ça ?

ÉLISA. Parce qu'une autre vous aime...

JULES. Une autre ?

ÉLISA. Marie !

JULES. Marie ! mais elle est...

ÉLISA. Elle est innocente, mon bon !

JULES. Innocente !

ÉLISA. Oui, victime d'un quiproquo ! j'ai juré de lui faire rendre justice ! (*Ici l'orchestre exécute en sourdine l'air des Grisettes du premier acte, Marie entr'ouvre la porte de droite et s'avance doucement, suivie de Robinson.*)

SCÈNE XVII.

LES MÊMES, MARIE, ROBINSON, *puis* ADÈLE, ALBERT.

JULES. Quel drôle de chose ! je vous demande un peu à quoi m'ont mené mes voyages ?

ÉLISA. Qui est-ce qui vous a prié de les faire ?

JULES. Tenez, décidément, je retourne...

ÉLISA. A vos premières amours !.. vous avez bien raison !..

JULES, *avec une profonde conviction*. Ah ! c'est qu'il n'y a pas à dire, voyez-vous, il n'y a encore que les grisettes.

MARIE, *lui prenant le bras*. N'est-ce pas !..

JULES. Marie...

ÉLISA, *regardant Jules*. Quel grand toqué que ce garçon-là...

ADÈLE *paraissant au bras d'Albert*. Ah ! Madame, comment vous remercier !..

ÉLISA. Oh ! tout n'est pas fini ! vous me remercierez tout à l'heure !

MARIE. Élisa, tu es un ange !

ÉLISA. Ne dis donc pas de bêtises !..

ROBINSON, *essuyant une larme à la dérobée*. Mes leçons ont donc porté fruit !..

ÉLISA. Dis donc, Marie, depuis ce que tu m'as dit tantôt, j'ai une idée...

MARIE. Une idée !

ÉLISA. Oui, c'est de quitter le théâtre, et de retourner au pays! et si ma mère te parle de moi, tu lui diras que je suis bien changée ! n'est-ce pas ?...

MARIE. Oui ! certes ! et après...

ÉLISA. Après... on ne sait pas ! je suis capable de tout !

SCÈNE XVIII.

LES MÊMES, COQUARDEAU, *puis* BÉLASSIS.

COQUARDEAU, *dans la coulisse*. Victoire ! Victoire !..

TOUS. Le baron !

ADÈLE. Mon père !..

COQUARDEAU, *entrant, sans voir sa fille*. Victoire !.. voici l'engagement ! (*Il le donne à Élisa. Apercevant Adèle.*) Ciel !.. ma fille !.. vous ici, Mademoiselle !

ÉLISA. Mademoiselle vient vous demander votre consentement à son mariage avec M. Albert.

COQUARDEAU. Jamais !

ÉLISA. Et si l'on vous en priait bien !..

COQUARDEAU. Jamais !

ASPASIE, *entrant et parlant bas à Élisa*. Madame, c'est la baronne de Coquardeau qui vient quêter pour les pauvres de l'arrondissement. Elle attend au salon.

ÉLISA. C'est bien !.. (*Au baron.*) Encore une fois, monsieur le baron, consentez-vous à marier ces enfants ?

COQUARDEAU. Mais, sacrebleu ! quand je vous dis....

ÉLISA. Oh ! ne vous faites pas de mal... Aspasie, faites entrer madame la baronne de Coquardeau !..

COQUARDEAU. Ma femme !.. nom d'un petit bonhomme !.. Je consens !.. je consens !.. Quel guêpier !

ÉLISA, *désignant au baron une table où se trouvent encre, plume et papier*. Le consentement par écrit, s'il vous plaît.

COQUARDEAU, *s'asseyant*. Sapristi ! (*Il écrit.*)

ÉLISA, *à Aspasie*. Dites à madame Coquardeau que je suis à elle dans l'instant. (*Aspasie sort.*)

COQUARDEAU, *donnant le papier*. Voici !

ÉLISA, *lui rendant l'engagement*. Voilà !

LE BARON. Hein !..

ÉLISA. La rampe me donnait des éblouissements, monsieur le baron, et j'y renonce !

LE BARON, *abruti*. Ah ! (*Élisa va se diriger vers le salon. Elle s'arrête devant Robinson, qui met un genou en terre et baise le bas de sa robe.*)

TOUS. Qu'est-ce que c'est ?

ROBINSON. C'est l'innocence couronnant le repentir !.. Et maintenant, Madame, adieu et persévérez !

ÉLISA. Vous me quittez ?

ROBINSON. Il le faut ! vous êtes convertie, vous ! et je me dois à l'humanité !

ÉLISA. Eh bien ! bon voyage, mon garçon !.. (*Elle va sortir, cette fois elle est arrêtée par Bélassis.*)

BÉLASSIS. Puis-je entrer, maintenant ?

ÉLISA. Non ! mais venez demain !..

BÉLASSIS. Demain ! oh ! bonheur !

ÉLISA, *à Marie*. Je pars ce soir !

BÉLASSIS, *qui a entendu*. Ah ! pas de chance.

(*Jules et Marie, Albert et Adèle forment un groupe sur le devant de la scène. Robinson les regarde avec un attendrissement mêlé d'orgueil. Le baron, abruti, regarde successivement tous ces personnages, qui lui sourient. Élisa se dirige vers la gauche et Bélassis va se rasseoir dans l'antichambre.*)

FIN

LAGNY. — IMPRIMERIE DE VIALAT ET Cie.

EN VENTE CHEZ LE MÊME ÉDITEUR :

Titre	Prix
L'Aïeule.	75
Un Monstre de Femme.	60
La Jeunesse de Charles Quint.	60
Le Vicomte de Létorières.	60
Les Fées de Paris.	60
Pour mon fils.	60
Lucienne.	60
Les jolies Filles de Stilberg.	60
L'Enfant de Chœur.	60
Le Grand Palatin.	60
La Tante mal gardée.	60
Les Circonstances atténuantes.	60
La Chasse aux Vautours.	60
Les Batignollaises.	60
Une Femme sous les Scellés.	60
Les Aides de Camp.	60
Le Mari à l'essai.	60
Chez un Garçon.	60
Jaket's-Club.	60
Mérovée.	60
Les deux Couronnes.	60
Au Croissant d'Argent.	60
Le Château de la Roche-Noire.	60
Mon illustre Ami.	60
Talma en congé.	60
L'Omelette Fantastique.	60
La Dragonne.	60
La Sœur de la Reine.	60
La Vendetta.	60
Le Poète.	60
Les Informations Conjugales.	60
Le Loup dans la Bergerie.	60
L'Hôtel de Rambouillet.	60
Les deux Impératrices.	60
La Caisse d'Épargne.	60
Thomas le Rageur.	60
Derrière l'Alcôve.	60
La Villa Duflot	60
Péroline.	60
La Femme à la Mode.	60
Les égarements d'une Canne et d'un Parapluie.	60
Les deux Anes	60
Foliquet, coiffeur de Dames.	60
L'Anneau d'Argent.	60
Recette contre l'Embonpoint.	60
Don Pascale.	60
Mademoiselle Déjazet au Sérail.	60
Touboulic le Cruel.	60
Hermance.	60
Les Canuts.	60
Entre Ciel et Terre.	60
La Fille de Figaro.	60
Métier et Quenouille.	60
Angélique et Médor.	60
Loïsa.	60
Jocrisse en Famille.	60
L'autre Part du Diable.	60
La Chasse aux Belles Filles.	60
La Salle d'Armes.	60
Une Femme compromise.	60
Patineau.	60
Madame Roland.	60
L'Esclave du Camoëns	60
Les Réparations.	60
Mariage du Gamin de Paris.	60
Veille du Mariage.	60
Paris bloqué.	60
Un Ménage Parisien.	1 »
La Bonbonnière.	60
Adrien.	60
Pierre le Millionnaire.	60
Carlo et Carlin.	60
Le Moyen le plus sûr.	60
Le Papillon Jaune et Bleu.	60
La Polka en province.	60
Une Séparation.	60
Le roi Dagobert.	60
Frère Galfâtre	60
Nicaise à Paris.	60
Le Troubadour-Omnibus.	60
Un Mystère.	60
Le Billet de faire part.	60
Pulcinella.	60
Fiorina.	60
La Sainte-Cécile.	60
Follette.	60
Deux Filles à Marier.	60
Monseigneur.	60
A la Belle Étoile.	60
Un Ange tutélaire.	60
Un Jour de Liberté.	60
Wallace.	60
L'Écolier d'Oxford.	60
L'Oiseau du Bocage.	60
Paris à tous les Diables.	60
Une Averse.	60

Titre	Prix
Madame de Cérigny.	60
Le Fiacre et le Parapluie.	60
Morale en action.	60
Liberté Libertas.	60
L'Île du Prince Touton.	60
Mimi Pinson.	60
L'Article 170.	60
Les Viveurs.	60
Les deux Pierrots.	60
Seigneur des Broussailles.	60
Deux Tambours.	60
Constant la Girouette.	60
L'Amour dans tous les Quartiers de Paris.	60
Madame Bugolin.	60
Petit Poucet.	60
Camoëns.	60
Escadron Volant de la Reine.	60
Le Lansquenet.	60
Une Voix.	60
Agnès Bernau.	60
Amours de M. et Mme Denis.	60
Porthos.	60
La Pêche aux Beaux-Pères.	60
Révolte des Marmousets.	60
Le Troisième Mari.	60
Un premier Souper de Louis XV.	60
L'Homme et la Mode.	60
Une Confidence.	60
Le Ménétrier.	60
L'Almanach des 25,000 Adresses.	60
Une Histoire de Voleurs.	60
Les Murs ont des Oreilles.	60
L'Enseignement Mutuel.	60
La Charbonnière.	60
Le Code des Femmes.	60
On demande des Professeurs.	60
Le Pot aux Roses.	60
La Grande Bourse et les Petites Bourses.	60
L'Enfant de la Maison.	60
Riche d'Amour.	60
La Comtesse de Moranges.	60
L'Amazone.	60
La Gloire et le Pot-au-Feu.	60
Les Pommes de terre malades.	60
Le Marchand de Marrons.	60
V'là ce qui vient d'paraître.	60
La Loi salique.	60
Nuage au Ciel.	60
L'Eau et le Feu	60
Beaugaillard.	60
Mardi Gras.	60
Le Retour du Conscrit.	60
Le Mari perdu.	60
Dieux de l'Olympe à Paris.	60
Le Carillon de Saint-Mandé.	60
Geneviève.	60
Mademoiselle ma Femme.	60
Mal du Pays.	60
Mort civilement.	60
Garde-Malade.	60
Fruit défendu.	60
Un Cœur de Grand'Mère.	60
Nouvelle Clarisse Harlowe.	60
Place Ventadour.	60
Nicolas Poulet.	60
Roch et Luc.	60
La Protégée sans le savoir.	60
Une Fille Terrible.	60
La Planète à Paris.	60
L'Homme qui se cherche.	60
Maître Jean.	60
Ne touchez pas à la Reine.	1 »
Une année à Paris.	60
Irène ou le Magnétisme.	60
Amour et Biberon.	60
En Carnaval.	60
Bal et Bastringue.	60
Un Bouillon d'onze heures.	60
Cour de Biberack.	60
D'Aranda.	60
Une Femme qui se jette par la fenêtre.	60
Avocat Pédicure.	60
Trois Paysans.	60
Chasse aux Jobards.	60
Mademoiselle Grabutot.	60
Père d'occasion.	60
Croquignole.	60
Henriette et Charlot.	60
Le chevalier de Saint-Remy.	60
Malheureux comme un Nègre.	60
Un Vœu de jeune Fille.	60
Secours contre l'Incendie.	60
Chapeau Gris.	60
Sans Dot.	60
La Syrène du Luxembourg.	60

Titre	Prix
Homme Sanguin.	60
La Fille obéissante.	60
Tantale.	60
Deux Loups de Mer.	60
O'néa.	60
La Croisée de Berthe.	60
La Filleule à Nicot.	60
Les Charpentiers.	60
Mademoiselle Faribole.	60
Un Cheveu Blond.	60
Les Impressions de Ménage.	60
L'Homme aux 160 Millions.	60
Pierrot Posthume.	60
La Déesse.	60
Une Existence décolorée.	60
Elle... ou la Mort!	60
Didier l'honnête Homme.	60
L'Enfant de quelqu'un.	60
Les Chroniques bretonnes.	60
Haydée ou le Secret.	1 »
L'Art de ne pas donner d'Étrennes.	60
Le Puff.	1 »
La Tireuse de Cartes.	60
La Nuit de Noël.	1 »
Christophe le Cordier.	60
La Rose de Provins.	60
Les Barricades de 1848.	60
34 Francs! ou sinon!...	60
La Fille du Matelot.	60
Les deux Pommades.	60
La Femme blasée.	60
Les Filles de la Liberté.	60
Hercule Belhomme.	60
Don Quichotte.	60
L'Académicien de Pontoise.	60
Ah! Enfin!	60
La Marquise d'Aubray.	60
Le Gentilhomme campagnard.	60
Les Peureux.	60
Le Chevalier de Beauvoisin.	60
Le Gentilhomme de 1847.	60
La Rue Quincampoix.	60
L'Ange de ma Tante.	60
La République de Platon.	60
Le Club des Maris.	60
Oscar XXVIII.	60
Une Chaîne Anglaise.	60
Un Petit de la Mobile.	60
Histoire de rire.	60
Les vingt sous de Périnette.	60
Le Serpent de la Paroisse.	60
Agénor le Dangereux.	60
Roger Bontemps.	60
L'Été de la Saint-Martin.	60
Jeanne la Folle.	1 »
Les suites d'un Feu d'Artifice.	60
O Amitié!..... ou les trois Époques	60
La Propriété, c'est le Vol.	60
La Poule aux Œufs d'Or.	60
Élevés ensemble.	60
L'Hôtellerie de Genève.	60
A bas la Famille ou les Banquets.	60
Daniel	1 »
Le Voyage de Nannette.	60
Titine à la Cour.	60
Le baron de Castel-Sarrazin.	60
Madame Marneffe.	60
Un Gendre aux Épinards.	60
Madame veuve Larifla.	60
La Reine d'Yvetot.	60
Les Manchettes d'un Vilain.	60
Le Duel aux Mauviettes.	60
Les Filles du Docteur.	60
Un Turc pris dans une porte.	60
Les Grenouilles qui demandent un Roi.	60
Ce qui manque aux Grisettes.	60
La Poésie des Amours et...	60
Les Viveurs de la Maison-d'Or.	60
Un Troupier dans les Confitures.	60
Ma Tabatière.	60
Gracioso.	60
E. H.	60
Trompe-la-Balle.	60
Un Vendredi.	60
Le Gibier du Roi.	60
Breda-Street.	60
Adrienne Lecouvreur.	1 »
Sans le Vouloir.	60
Les Femmes socialistes.	60
Le Mobilier de Bamboche.	60
Les Beautés de la Cour.	60
La Famille.	60
L'hurluberlu.	60
Un Cheveu pour deux têtes.	60

Titre	Prix
L'Ane à Baptiste.	60
Les Prodigalités de Bernerette.	60
Les Bourgeois des Métiers.	60
La Graine de Mousquetaires.	60
Les Faubourgs de Paris.	60
La Montagne qui accouche.	60
Le Juif-Errant.	60
Adrienne de Carotteville.	60
Un Socialiste en Province.	60
Le Marin de la Garde.	60
Une Femme qui a une Jambe de bois.	60
Mauricette.	60
Une Semaine à Londres.	60
Le Cauchemar de son propriétaire.	60
Le Marquis de Carabas.	60
La Ligue des Amants.	60
Les Sept Billets.	60
Passe-temps de Duchesse.	60
Les Cascades de Saint-Cloud.	60
Lorettes et Aristos.	60
Les Compatriotes.	60
Un Tigre du Bengal.	60
Le Congrès de la Paix.	60
Les Représentants en vacances.	60
Les Grands Écoliers en vacances.	60
Un Intérieur comme il y en a tant!	60
Le Moulin Joli.	60
La Rue de l'Homme armé.	60
La Fée aux Roses.	1 »
Babet.	60
Un Lièvre en sevrage.	60
Evelyne.	60
Trumeau	60
Mademoiselle Carillon.	60
L'Héritier du Czar.	60
Rhum.	60
Les Associés.	60
Les Fredaines de Troussard.	60
Les Partageux.	60
Daphnis et Chloé.	60
Malbranchu.	60
La fin d'une République.	60
La Croix de Saint-Jacques.	60
Paris sans Impôts.	60
Un Quinze-Vingt.	60
Les Gardes Françaises.	60
Les Vignes du Seigneur.	60
La Perle des Servantes.	60
Un Ami malheureux.	60
Un de perdu, une de retrouvée.	60
La République des Lettres.	60
Figaro en prison.	60
La Dame de Trèfle.	60
Le Ver luisant	60
Les Secrets du Diable.	60
Deux vieux Papillons.	60
La Mariée de Poissy.	60
L'Homme aux Souris.	60
Le Baiser de l'Étrier.	60
Planète et Satellites.	60
Héloïse et Abailard.	60
Une Veuve inconsolable.	60
A la Bastille.	60
Jean Bart.	60
Les Pupilles de dame Charlotte.	60
Le Jour de Charité.	60
Un Fantôme.	60
Les Nains du Roi.	60
Les trois Racan.	60
Les Sociétés secrètes.	60
Le Chevalier de Servigny.	60
C'en était un.	60
Les trois Doudon.	1 »
Giralda.	60
La première chanson de Gallet.	60
Méphistophélès.	60
L'Alchimiste.	60
Le père Nourricier.	60
Grassot embêté par Ravel.	60
La Société du Doigt dans l'Œil.	60
L'Hôtesse de Saint-Eloy.	60
La Fille bien gardée.	60
Le Jour et la Nuit.	60
Plaisir et Charité.	60
Marié au second Garçon au cinquième.	60
Un Bal en robe de chambre	1 »
Né Coiffé.	60
Le Ménage de Rigolette.	60
Le Pont Cassé	60
Un Valet sans Livrée.	60
Le Paysan.	60
Charles le Téméraire.	60
L'Anneau de Salomon.	60

SUITE DU CATALOGUE.

Supplice de Tantale.	60
Les Infidélités Conjugales.	60
Les Petits Moyens.	60
Les Escargots sympathiques.	60
La Grenouille du Régiment.	60
Les Tentations d'Antoinette.	60
La baronne Bergamotte.	60
Les Extases de M. Hochenez.	60
Le Journal pour rire.	50
Le Renard et les Raisins.	60
La Belle au Bois dormant.	60
La Course aux Pommes d'Or.	60
Christian et Marguerite.	60
L'Avocat Loubet.	60
Royal-Tambour.	60
Mam'zelle fait ses dents.	60
Le vol à la Roulade.	60
La Fée Cocotte.	60
Mon ami Babolin.	60
Le Palais de Cristal.	60
Passiflor et Cactus.	60
Le Duel au Baiser.	60
Les Trois Ages des Variétés.	60
English Exhibition.	60
Clodette.	60
Histoire d'une Rose et d'un Croquemort.	60
L'Agent secret.	60
Drinn-Drinn.	60
Une Paire de Pères.	60
Les Giboulées.	60
Un Monsieur qui n'a pas d'habit.	60
Mignon.	60
La Chasse aux Grisettes.	60
Voilà plaisir, Mesdames!	60
La Vénus à la Fraise.	60
Les deux Prud'hommes.	60
M. Barbe-Bleue.	60
Une Queue Rouge.	60
Le Pour et le Contre.	60
Le Puits mitoyen.	60
Trois Amours de Pompiers.	60
Les Bloomèristes ou la réforme des Jupons.	60
Le Laquais d'un nègre.	60
Les Danseuses espagnoles.	60
Madame Schlick.	60
Le Prince Ajax.	60
Les Enfants de la Balle.	60
L'Ami de la maison.	60
La Marquise de La Bretèche.	60
Une Veuve de 15 ans.	60
Une passion à la Vanille.	60
Un service à Blanchard.	60
L'Original et la Copie.	60
Une rivière dans le dos.	60
Cinq Gaillards dont deux Gaillardes.	60
Un Frère terrible.	60
Une Vengeance.	60
Une petite Fille de la Grande Armée.	60
La Fille d'Hoffmann.	60
Un soufflet n'est jamais perdu.	60

Lagny. — Imprimerie de Vialat et Cie.

www.ingramcontent.com/pod-product-compliance
Ingram Content Group UK Ltd.
Pitfield, Milton Keynes, MK11 3LW, UK
UKHW022144170726
13837UKWH00004B/1777